Inhaltsverzeichnis

Jedes Marketing, das elektronische Geräte verwendet und von Marketingspezialisten verwendet werden kann, um Werbebotschaften zu übermitteln und deren Auswirkungen durch Ihr Unternehmen zu messen eine längere Reise. In der Praxis bezieht sich digitales Marketing typischerweise auf Marketingkampagnen, die auf einem Computer, Telefon, Tablet oder einem anderen Gerät angezeigt werden. Es kann viele Formen annehmen, einschließlich Online-Videos, Display-Anzeigen, Suchmaschinenmarketing, bezahlte Social-Media-Anzeigen und Social-Media-Angebote. Digitales Marketing wird oft mit „traditionellem Marketing" wie Zeitschriftenanzeigen, Werbetafeln und Direktmailings verglichen. Seltsamerweise wird das Fernsehen normalerweise mit traditionellem Marketing in einen Topf geworfen.

Wussten Sie, dass mehr als drei Viertel der Amerikaner täglich online gehen? Darüber hinaus gehen 43 % mehr als einmal am Tag online und 26 % sind „fast ständig" online.

Bei mobilen Internetnutzern sind diese Zahlen sogar noch höher. 89 % der Amerikaner gehen mindestens täglich online, und 31 % sind fast ständig online. Als Vermarkter ist es wichtig, die Vorteile der digitalen Welt mit einer Online-Werbepräsenz zu nutzen, indem man eine Marke aufbaut und einen großartigen Kunden bietet Erfahrung, die mit einer digitalen Strategie auch mehr potenzielle Kunden und mehr bringt .

Digitales Marketing hat vielfach bewiesen, dass es Ihnen dabei helfen kann, die Konversionsraten zu verbessern und mehr Käufer anzulocken. Dies liegt unter anderem daran, dass digitale Marketingplattformen es Ihnen ermöglichen, bestimmte Zielgruppen anzusprechen und Menschen anzulocken, die bereits am Anfang der Entwicklung stehen eine längere Reise.

Die beste Marketingstrategie holt das Beste aus verschiedenen Plattformen heraus, wie z. B. der Kombination von Blogbeiträgen mit Social-Media-Marketing und E-Mail-Marketing und/oder mobilem Marketing (meistens über Websites, Telefonnummern, soziale Medien oder mobile Anwendungen). Bei mehr als einem Dutzend Arten des digitalen Marketings sind die Möglichkeiten fast grenzenlos, und Vermarkter können ihren Ansatz entsprechend begründen über ihre Geschäfte. Darüber hinaus ermöglichen Ihnen digitale Marketingplattformen, Ihre Strategie nach und nach zu optimieren, was Ihnen hilft, fast sofort bessere Ergebnisse zu erzielen.

KAPITEL EINS

Was ist digitales Marketing?

Digitales Marketing, auch Online-Marketing genannt, ist die Förderung von Marken, um mit potenziellen Kunden über das Internet und andere Formen in Kontakt zu treten der digitalen Kommunikation. Dazu gehören nicht nur E-Mail, soziale Medien und webbasierte Werbung, sondern auch Text und Multimedia-Nachrichten als Marketingkanal

Bevor Sie digitales Marketing verstehen können, benötigen Sie grundlegende Kenntnisse über das Marketing selbst. Laut der American Marketing Association (AMA) hat Marketing mit den Aktivitäten und Prozessen zu tun, die Angebote erstellen, kommunizieren oder liefern, die v Mehrwert für Klienten oder Kunden.

John Cho, Experte für digitales Marketing, erklärt es in einfacheren Worten. „Marketing bedeutet, das Markenbewusstsein dem gewünschten Publikum näher zu bringen. Unter digitalem Marketing versteht man einfach jedes Marketing, das online durchgeführt wird, aber das Ziel ist dasselbe – eine Verbindung zu Ihrem Publikum herzustellen."

Machen Sie sich keine Sorgen, wenn das kompliziert klingt. Digitales Marketing ist ein großes Feld mit zahlreichen Untergruppen und Optionen, die dabei helfen, eine Marke mit der Zielgruppe zu verbinden, die sie bedient. Branding, Content-Marketing, gezielte Werbung, Suchmaschinenoptimierung und Marktforschung sind alle Teil eines starken digitalen Marketingplans.

Was sind die Grundlagen des digitalen Marketings?

Kurz gesagt, digitales Marketing bezieht sich auf alle Marketingmethoden, die über elektronische Geräte durchgeführt werden, die irgendeine Form eines Computers nutzen. Hierzu zählen auch Online-Marketingmaßnahmen im Internet. Bei der Durchführung von digitalem Marketing könnte ein Unternehmen Websites, Suchmaschinen, Blogs, soziale Medien, Videos und E-Mails nutzen 1 und ähnliche Kanäle, um Kunden zu erreichen.

Im Gegensatz zum traditionellen Marketing – das statisch ist und oft als „Einweg"-Kommunikation bezeichnet wird – ist digitales Marketing ein sich ständig verändernder, dynamischer Prozess. Anders ausgedrückt: Kunden können nicht über eine Plakatwand oder eine Printanzeige mit Unternehmen interagieren, während digitales Marketing eine Möglichkeit für beides bietet Sie kommunizieren zwischen einem Unternehmen und seinen tatsächlichen oder voraussichtlichen Kunden.

Heutzutage ist die Bildschirmzeit für viele Menschen so hoch wie nie zuvor. Digitales Marketing nutzt diese Realität und fördert Produkte und Dienstleistungen von Unternehmen über das Internet. Auf diese Weise stellen Unternehmen sicher, dass ihre Marketingbemühungen mit größerer Wahrscheinlichkeit Kunden erreichen, indem sie sie dort ansprechen, wo sie die meiste Zeit verbringen.

Von Startups bis hin zu Großunternehmen kann ein vielschichtiger digitaler Marketingansatz zu erheblichen kommerziellen Vorteilen führen. Eine erfolgreiche digitale Marketingstrategie erfordert im Allgemeinen eine Kombination verschiedener Methoden, einschließlich Online-Werbung und Suchmaschinenoptimierung Kommunikation und Marketing, Social-Media-Marketing und -Management sowie Inhaltserstellung, unter anderem.

Digitales Marketing vs. Traditionelles Marketing

Traditionelles und digitales Marketing haben das gemeinsame Ziel, mit einem bestimmten Publikum in Kontakt zu treten, um das Bewusstsein für ein Produkt oder eine Dienstleistung zu schärfen. Der größte Unterschied zwischen den beiden besteht in den Werkzeugen, die sie verwenden, um dieses Ziel zu erreichen.

Traditionelles Marketing beruht auf, nun ja, traditionellen Kommunikationsformen. Denken Sie an Werbetafeln, Direktmailing- Flyer, Telemarketing-Anrufe und Werbung im Radio oder Fernsehen. Während all diese Formen des traditionellen Marketings immer noch existieren, hat die moderne Technologie die Möglichkeiten für die Verbindung mit einem Publikum erweitert.

Digitales Marketing findet online statt und nutzt Tools wie E-Mail, soziale Medien, Suchmaschinen und Online-Anzeigen, um mit ihrem Publikum zu kommunizieren e. Im Gegensatz zu herkömmlichen Marketingstrategien konzentriert sich digitales Marketing eher auf das Internet als auf physische oder sogar Echtzeitkommunikation. Das Ergebnis ist eine Marketingmaschine, die vielseitiger und möglicherweise weniger teuer ist als die Taktiken des traditionellen Marketings.

Warum ist digitales Marketing so effektiv?

Traditionelles Marketing unterbricht seine Zielgruppe oft, manchmal mit einem Angebot, Produkt oder einer

Dienstleistung, die sie gar nicht brauchen. Denken Sie darüber nach, wie nervig es wäre, während des Abendessens einen Telefonmarketing-Anruf zu erhalten, oder wie einfach es ist, eine TV-Werbung für Dialekte auszuschalten, wenn Sie keine Ahnung haben ids.

Digitales Marketing löst dieses Problem, indem es Angebote direkt zu den Verbrauchern bringt, die sie tatsächlich benötigen. Digitales Marketing kann es einer Marke ermöglichen, im wahrsten Sinne des Wortes ein integraler Bestandteil des täglichen Lebens Ihrer Kunden zu werden und sich weitaus weniger wie eine Unterbrechung zu fühlen.

Dank der Datenerfassung können Unternehmen vorhersagen, wofür Sie auf dem Markt sein könnten, von einer neuen Wohnung bis hin zu bezahlbarer Trainingsausrüstung. Das Ziel eines digitalen Vermarkters besteht darin, dieses nahtlose Erlebnis zu schaffen. Dies spart dem Benutzer Zeit und verhindert, dass er Werbung sieht, die für ihn nicht relevant ist.

Diese Daten, gepaart mit den vielen Plattformen der Online-Welt, geben dem digitalen Marketing einen weiteren Vorteil: die Möglichkeit, genau dann ihre Zielgruppe zu treffen Ja, das sind sie. Digitale Vermarkter können sagen: „Ich möchte auf YouTube 18- bis 24-Jährige ansprechen", eine Kampagne starten und fast sofort Ergebnisse sehen! Es gibt nicht dieses Maß an Kontrolle über traditionelle Marketingmedien.

Inbound-Marketing versus digitales Marketing

Digitales Marketing und Inbound-Marketing sind leicht zu verwechseln, und das aus gutem Grund. Digitales Marketing verwendet viele der gleichen Tools wie Inbound-Marketing – E-Mail und Online-Inhalte, um nur einige zu nennen. Beide dienen dazu, die Aufmerksamkeit der Kunden während der gesamten Reise des Käufers zu wecken und sie zu Kunden zu machen. Aber die beiden Ansätze vertreten unterschiedliche Ansichten über die Beziehung zwischen dem Werkzeug und dem Ziel.

Digitales Marketing überlegt, wie jedes einzelne Tool die Aussichten umsetzen kann. Die digitale Marketingstrategie einer Marke kann mehrere Plattformen nutzen oder alle ihre Bemühungen auf eine Plattform konzentrieren.

Inbound-Marketing ist ein ganzheitliches Konzept. Zuerst wird das Ziel betrachtet, dann werden die verfügbaren Tools untersucht, um zu bestimmen, welche die Zielkunden effektiv erreichen und dann, in welcher Phase des Verkaufs Ein Trichter, der passieren sollte.

Das Wichtigste, was Sie bei digitalem Marketing und Inbound-Marketing beachten sollten, ist, dass Sie als Marketingprofi nicht zwischen zwei Optionen wählen müssen n der 2. Tatsächlich arbeiten sie am besten zusammen. Inbound-Marketing bietet Struktur und Zweck für ein effektives digitales Marketing für digitale Marketingbemühungen und stellt sicher, dass jeder digitale Marketingkanal funktioniert ein Ziel vorgeben.

Digitales Marketing funktioniert sowohl für B2B- als auch für B2C-Unternehmen, aber die Vorgehensweisen unterscheiden sich deutlich zwischen den beiden.

- B2B-Kunden haben tendenziell längere Entscheidungsprozesse und damit auch längere Verkaufstrichter. Strategien zum Beziehungsaufbau funktionieren bei diesen Kunden besser, während B2C-Kunden tendenziell besser auf kurzfristige Angebote und Nachrichten reagieren.
- B2B-Transaktionen basieren in der Regel auf Logik und Beweisen, die von erfahrenen digitalen B2B-Vermarktern präsentiert werden. B2C-Inhalte sind eher emotional ausgerichtet und konzentrieren sich darauf, dem Kunden ein gutes Gefühl bei einem Kauf zu vermitteln.
- B2B-Entscheidungen erfordern in der Regel den Input von mehr als einer Person. Die Marketingmaterialien, die diese Entscheidungen am besten vorantreiben, sind in der Regel teilbar

und herunterladbar. B2C-Kunden hingegen bevorzugen Einzelkontakte mit einer Marke.

Natürlich gibt es von jeder Regel Ausnahmen. Ein B2C-Unternehmen mit einem teuren Produkt wie einem Auto oder einem Computer könnte informativere und seriösere Inhalte anbieten. Ihre Strategie muss immer auf Ihren eigenen Kundenstamm ausgerichtet sein, egal ob Sie B2B oder B2C sind.

Welche Rolle spielt digitales Marketing für ein Unternehmen?

Während traditionelles Marketing möglicherweise in gedruckten Anzeigen, telefonischer Kommunikation oder physischem Marketing existiert, kann digitales Marketing elektronisch und online erfolgen. Dies bedeutet, dass es für Marken weitaus mehr Möglichkeiten gibt, Kunden zu erreichen, einschließlich E-Mail, Video, sozialen Medien und Suchmaschinen .

In dieser Phase ist digitales Marketing für Ihr Unternehmen und Ihre Markenbekanntheit von entscheidender Bedeutung. Es scheint, als hätte jede andere Marke eine Website. Und wenn nicht, haben sie zumindest eine Social-Media-Präsenz oder eine digitale Werbestrategie. Digitale Inhalte und digitales Marketing sind so verbreitet, dass Verbraucher sie mittlerweile als eine Möglichkeit erwarten und sich darauf verlassen, mehr über Marken zu erfahren.

Lange Rede, kurzer Sinn: Um als Unternehmer wettbewerbsfähig zu sein, müssen Sie einige Aspekte des digitalen Marketings berücksichtigen.

Da mit dem digitalen Marketing so viele Möglichkeiten und Strategien verbunden sind, können Sie kreativ werden und mit einer Vielzahl von Marketingtaktiken experimentieren ein Budget. Mit digitalem Marketing können Sie auch Tools wie Analyse-Dashboards verwenden, um den Erfolg und den ROI Ihrer Kampagnen besser zu überwachen als Sie können B. mit einem herkömmlichen Werbeinhalt, beispielsweise einer Plakatwand oder einer Printanzeige.

Digitales Marketing wird durch den Einsatz zahlreicher digitaler Taktiken und Kanäle definiert, um mit Kunden dort in Kontakt zu treten, wo sie einen Großteil ihrer Zeit verbringen: online. Von der Website selbst bis hin zu den Online-Branding-Assets eines Unternehmens – digitale Werbung, E-Mail-Marketing, Online-Broschüren und vieles mehr Es gibt eine Reihe von Taktiken, die unter den Begriff „digitales Marketing" fallen.

Die besten digitalen Vermarkter haben ein klares Bild davon, wie jede digitale Marketingkampagne ihre übergeordneten Ziele unterstützt. Und abhängig von den Zielen ihrer Marketingstrategie können Vermarkter eine größere Kampagne über die ihnen zur Verfügung stehenden kostenlosen und kostenpflichtigen Kanäle unterstützen.

Ein Content-Vermarkter kann beispielsweise eine Reihe von Blogbeiträgen erstellen, die dazu dienen, Leads aus einem neuen E-Book zu generieren, das das Unternehmen kürzlich erstellt hat. Der Social-Media-

Vermarkter des Unternehmens könnte dann dabei helfen, diese Blogbeiträge durch bezahlte und organische Beiträge auf den Social-Media-Konten des Unternehmens zu bewerben. Vielleicht erstellt der E-Mail-Vermarkter eine E-Mail-Kampagne, um denjenigen, die das E-Book herunterladen, weitere Informationen über das Unternehmen zu senden. Wir werden gleich mehr über diese speziellen digitalen Vermarkter sprechen.

Arten des digitalen Marketings

- Suchmaschinenoptimierung (SEO)
- Content-Marketing
- Social-Media-Marketing
- Pay Per Click (PPC)
- Affiliate-Marketing
- Native Werbung
- Marketingautomatisierung
- E-Mail-Marketing
- Online-PR
- Inbound-Marketing
- Gesponserter Inhalt

Hier ist ein kurzer Überblick über einige der gängigsten digitalen Marketingtaktiken und die daran beteiligten Kanäle.

Suchmaschinenoptimierung (SEO)

Dabei handelt es sich um den Prozess der Optimierung Ihrer Website, um in Suchmaschinen-Ergebnisseiten einen höheren Rang einzunehmen und dadurch den Anteil an organischen (oder freien) Inhaltsstoffen zu erhöhen e) Traffic, den Ihre Website erhält. Zu den Kanälen, die von SEO profitieren, gehören Websites, Blogs und Infografiken.

Es gibt eine Reihe von Möglichkeiten, SEO einzusetzen, um doppelten Traffic auf Ihre Website zu generieren. Dazu gehören:

On-Page-SEO: Diese Art von SEO konzentriert sich auf den gesamten Inhalt, der „auf der Seite" vorhanden ist, wenn man sich eine Website ansieht. Indem Sie Schlüsselwörter nach ihrem Suchvolumen und ihrer Absicht (oder Bedeutung) durchsuchen, können Sie Fragen für Leser beantworten und bei der Suche einen höheren Rang erreichen Suchmaschinen-Ergebnisseiten (SERPs), die diese Fragen erzeugen.

Off-Page-SEO: Diese Art von SEO konzentriert sich auf alle Aktivitäten, die „abseits der Seite" stattfinden, wenn Sie Ihre Website optimieren möchten. „Welche Aktivität, die nicht auf meiner eigenen Website ist, könnte sich auf mein Ranking auswirken?" Sie könnten fragen. Die Antwort sind eingehende Links, auch Backlinks genannt. Die Anzahl der Verlage, die eine Verbindung zu Ihnen herstellen, und die relative „Autorität" dieser Verlage wirken sich darauf aus, wie hoch Ihr Ranking für die von Ihnen ausgewählten Schlüsselwörter ist e ungefähr. Indem Sie sich mit anderen Verlagen vernetzen, Gastbeiträge auf diesen Websites schreiben (und auf Ihre Website verlinken) und externe Aufmerksamkeit generieren, können Sie Geld verdienen Die Backlinks, die Sie benötigen, um Ihre Website auf den richtigen SERPs zu platzieren.

Technisches SEO: Diese Art von SEO konzentriert sich auf das Backend Ihrer Website und darauf, wie Ihre Seiten codiert sind. Bildkomprimierung, strukturierte

Daten und CSS-Dateioptimierung sind alles Formen der technischen Suchmaschinenoptimierung, die die Ladegeschwindigkeit Ihrer Website erhöhen können – und das ist wichtig Ranking-Faktor in den Augen von Suchmaschinen wie Google.

Content-Marketing

Dieser Begriff bezeichnet die Erstellung und Förderung von Content-Assets mit dem Ziel, Markenbewusstsein, Traffic-Wachstum, Lead-Generierung usw. zu generieren einige. Zu den Kanälen, die eine Rolle in Ihrer Content-Marketing-Strategie spielen können, gehören:

Blog-Beiträge: Das Schreiben und Veröffentlichen von Artikeln in einem Unternehmensblog hilft Ihnen, Ihre Branchenexpertise unter Beweis zu stellen und generiert organischen Suchverkehr für Ihr Unternehmen . Dies gibt Ihnen letztendlich mehr Möglichkeiten, Website-Besucher in Leads für Ihr Vertriebsteam umzuwandeln.

E-Books und Whitepapers: E-Books, Whitepapers und ähnliche Inhalte in Langform tragen dazu bei, Website-

Besucher weiter zu informieren. Es ermöglicht Ihnen auch, Inhalte gegen die Kontaktinformationen eines Lesers auszutauschen, Leads für Ihr Unternehmen zu generieren und Menschen durch die Reise des Käufers zu führen.

Infografiken: Manchmal möchten die Leser, dass Sie etwas zeigen und nicht erzählen. Infografiken sind eine Form von visuellen Inhalten, die den Website-Besuchern dabei helfen, ein Konzept zu visualisieren, das Sie ihnen beim Lernen helfen möchten.

Social-Media-Marketing

Diese Praxis fördert Ihre Marke und Ihre Inhalte auf sozialen Medienkanälen, um die Markenbekanntheit zu steigern, den Verkehr anzukurbeln und Leads zu generieren Für Ihr Unternehmen. Zu den Kanälen, die Sie im Social-Media-Marketing nutzen können, gehören:

- Facebook.
- Twitter.
- LinkedIn.
- Instagram.

- Schnappschuss.

- Pinterest.

Wenn Sie mit sozialen Plattformen noch nicht vertraut sind, können Sie Tools wie HubSpot verwenden, um Kanäle wie LinkedIn und Facebook an einem Ort zu verbinden. Auf diese Weise können Sie ganz einfach Inhalte für mehrere Kanäle gleichzeitig planen und Analysen auch von der Plattform aus überwachen.

Zusätzlich zur Anbindung von Social-Media-Konten für Werbezwecke können Sie Ihre Social-Media-Postfächer auch in HubSpot integrieren, um Ihre direkten Nachrichten zu erhalten an einem Ort.

Pay Per Click (PPC)

PPC ist eine Methode, um den Traffic auf Ihre Website zu lenken, indem Sie bei jedem Klick auf Ihre Anzeige einen Publisher bezahlen. Eine der gebräuchlichsten Arten von PPC ist Google Ads, mit der Sie für Top-Slots auf den Suchergebnisseiten von Google zu einem günstigen Preis bezahlen können Klicken Sie einfach auf die von Ihnen platzierten Links. Zu den weiteren Kanälen, auf denen Sie PPC nutzen können, gehören:

Bezahlte Werbung auf Facebook: Hier können Benutzer ein Video, einen Bildbeitrag oder eine Diashow anpassen, die Facebook in den Newsfeeds der Menschen veröffentlicht die zur Zielgruppe Ihres Unternehmens passen.

Twitter Ads-Kampagnen: Hier können Benutzer eine Reihe von Posts oder Profilabzeichen in den Newsfeeds einer bestimmten Zielgruppe platzieren, die alle einem bestimmten Ziel gewidmet sind Erreichen Sie ein bestimmtes Ziel für Ihr Unternehmen. Dieses Ziel kann Website-Verkehr, mehr Twitter-Follower, Tweet-Engagement oder sogar App-Downloads sein.

Gesponserte Nachrichten auf LinkedIn: Hier können Benutzer Nachrichten direkt an bestimmte LinkedIn-Benutzer senden, basierend auf ihrer Branche und ihrem Hintergrund.

Affiliate-Marketing

Affiliate-Marketing

Hierbei handelt es sich um eine Art leistungsbasierter Werbung, bei der Sie den Auftrag erhalten, die Produkte oder Dienstleistungen einer anderen Person zu bewerben Auf Ihrer Website. Zu den Affiliate-Marketing-Kanälen gehören:

Hosten von Videoanzeigen über das YouTube-Partnerprogramm.

Veröffentlichen Sie Affiliate-Links von Ihren Social-Media-Konten.

Native Werbung

Unter nativer Werbung versteht man Werbung, die in erster Linie inhaltsgesteuert ist und neben anderen, nicht bezahlten Inhalten auf einer Plattform präsentiert wird. Von BuzzFeed unterstützte Posts sind ein gutes Beispiel, aber viele Menschen halten Social-Media-Werbung auch für „nativ" – Facebook-Werbung und Werbung Tagram-Werbung zum Beispiel.

Marketingautomatisierung bezieht sich auf die Software, die zur Automatisierung Ihrer grundlegenden Marketingvorgänge dient. Viele Marketingabteilungen können wiederkehrende Aufgaben automatisieren, die sie sonst manuell erledigen würden, wie zum Beispiel:

E-Mail-Newsletter: Mit E-Mail können Sie nicht nur automatisch E-Mails an Ihre Abonnenten senden. Es kann Ihnen auch dabei helfen, Ihre Kontaktliste nach Bedarf zu verkleinern und zu erweitern, sodass Ihre Newsletter nur an die Personen gehen, die sie in ihren Posteingängen sehen möchten.

Social-Media-Beitragsplanung: Wenn Sie die Präsenz Ihrer Organisation in einem sozialen Netzwerk ausbauen möchten, müssen Sie dies häufig tun. Dies macht das manuelle Posten zu einem etwas unruhigen Vorgang. Social-Media-Planungstools übertragen Ihre Inhalte auf Ihre Social-Media-Kanäle für Sie, sodass Sie mehr Zeit damit verbringen können, sich auf die Content-Strategie zu konzentrieren.

Arbeitsabläufe zur Lead-Pflege: Die Generierung von Leads und die Umwandlung dieser Leads in Kunden kann ein langer Prozess sein. Sie können diese Prozesse automatisieren Das Versenden bestimmter E-Mails und Inhalte erfolgt, sobald sie bestimmte Kriterien erfüllen, z. B. wenn sie ein E-Book herunterladen und öffnen.

Kampagnenverfolgung und Berichterstattung: Marketingkampagnen können eine Menge verschiedener Personen, E-Mails, Inhalte, Webseiten, Telefonanrufe und mehr umfassen. Marketingautomatisierung kann Ihnen dabei helfen, alles, woran Sie arbeiten, nach der Kampagne zu sortieren, die es bedient, und dann die Leistung dieser Kampagne basierend auf den Fortschritten zu verfolgen Diese Komponenten bilden sich im Laufe der Zeit.

E-Mail-Marketing

Unternehmen nutzen E-Mail-Marketing als Mittel zur Kommunikation mit ihrem Publikum. E-Mail wird häufig verwendet, um Inhalte, Rabatte und Veranstaltungen zu bewerben und Menschen auf die Website des Unternehmens zu leiten. Zu den Arten von

E-Mails, die Sie in einer E-Mail-Marketingkampagne senden könnten, gehören:

- Blog-Abonnement-Newsletter.

- Follow-up-E-Mails an Website-Besucher, die etwas heruntergeladen haben.

- Willkommens-E-Mails für Kunden.

- Urlaubsangebote für treue Programmmitglieder.

- Tipps oder ähnliche Serien zur Kundenbetreuung.

Online-PR

Unter Online-PR versteht man die Sicherstellung einer verdienten Online-Berichterstattung durch digitale Veröffentlichungen, Blogs und andere inhaltsbasierte Websites . Es ist ähnlich wie traditionelle PR, aber im Online-Bereich. Zu den Kanälen, die Sie nutzen können, um Ihre PR-Bemühungen zu maximieren, gehören:

Reporter-Outreaching über soziale Medien: Mit Journalisten beispielsweise auf Twitter zu sprechen, ist eine großartige Möglichkeit, eine Beziehung zur Presse aufzubauen Das schafft verdiente Medienchancen für Ihr Unternehmen.

Beteiligen Sie sich an Online-Bewertungen Ihres Unternehmens: Wenn jemand Ihr Unternehmen online bewertet, ob diese Bewertung gut oder schlecht ist, kann es sein, dass Ihr Instinkt dies nicht tut Berühre es. Im Gegenteil helfen Ihnen ansprechende Unternehmensbewertungen dabei, Ihre Marke zu humanisieren und wirkungsvolle Botschaften zu übermitteln, die Ihren Ruf schützen.

Engagierte Kommentare auf Ihrer persönlichen Website oder Ihrem Blog: Ähnlich wie Sie auf Bewertungen Ihres Unternehmens reagieren würden, indem Sie auf die Leute antworten, die es sind Das Lesen Ihrer Inhalte ist der beste Weg, produktive Gespräche rund um Ihre Branche zu führen.

Inbound-Marketing

Inbound-Marketing bezieht sich auf eine Marketingmethode, bei der Sie Kunden in jeder Phase der Käuferreise anziehen, engagieren und begeistern. Sie können jede der oben aufgeführten digitalen Marketingstrategien im Rahmen einer Inbound-Marketing-Strategie nutzen, um ein Kundenerlebnis zu schaffen, das mit dem Kunden funktioniert Stomer, nicht gegen sie. Hier sind einige klassische Beispiele für Inbound-Marketing im Vergleich zu traditionellem Marketing:

- Bloggen vs. Pop-up-Anzeigen
- Videomarketing vs. kommerzielle Werbung
- E-Mail-Kontaktlisten vs. E-Mail senden

Gesponserter Inhalt

Mit geförderten Inhalten beauftragen Sie als Marke ein anderes Unternehmen oder eine andere Einrichtung, Inhalte zu erstellen und zu bewerben, die Ihre Marke oder Ihren Service auf irgendeine Weise diskutieren.

Eine beliebte Art von beworbenen Inhalten ist Influencer-Marketing. Mit dieser Art von geförderten Inhalten ist eine Marke ein Influencer in ihrer Branche, der Beiträge oder Videos im Zusammenhang mit dem Unternehmen in sozialen Netzwerken veröffentlicht Medien.

Eine andere Art von gefördertem Inhalt könnte ein Blogbeitrag oder Artikel sein, der ein Thema, eine Dienstleistung oder eine Marke hervorhebt.

Was macht ein digitaler Vermarkter?

Digitale Vermarkter sind dafür verantwortlich, die Bekanntheit der Marke zu steigern und Leads über alle verfügbaren digitalen Kanäle – sowohl kostenlose als auch kostenpflichtige – zu generieren Unternehmensentsorgung. Zu diesen Kanälen gehören soziale Medien, die eigene Website des Unternehmens, die Suche nach Suchmaschinenrankings, E-Mail, Anzeige von Werbung und das Unternehmen Blog.

Der digitale Vermarkter konzentriert sich normalerweise auf einen anderen wichtigen Leistungsindikator (KPI) für jeden Kanal, damit er die Leistung des Unternehmens richtig messen kann Kraft über jeden einzelnen. Ein digitaler Vermarkter, der beispielsweise für SEO zuständig ist, misst den „organischen Verkehr" seiner Website – den Verkehr, der von Website-Besuchern kommt, die eine Seite gefunden haben Suchen Sie über eine Google-Suche nach der Website des Unternehmens.

Digitales Marketing wird heute in vielen Marketingfunktionen durchgeführt. In kleinen Unternehmen könnte ein Generalist gleichzeitig viele der oben beschriebenen digitalen Marketingtaktiken besitzen. In größeren Unternehmen gibt es für diese Taktiken mehrere Spezialisten, die sich jeweils nur auf einen oder zwei der digitalen Kanäle der Marke konzentrieren.

Hier sind einige Beispiele für diese Spezialisierungen:

SEO-Manager

Haupt-KPIs: Organischer Verkehr

Kurz gesagt: SEO-Manager sorgen dafür, dass Unternehmen auf Google ranken. Mithilfe einer Vielzahl von Ansätzen zur Suchmaschinenoptimierung kann dieser Mitarbeiter direkt mit den Inhaltserstellern zusammenarbeiten, um sicherzustellen, dass die von ihnen erstellten Inhalte unseren Erwartungen entsprechen Ich werde auf Google weitermachen – auch wenn das Unternehmen diesen Inhalt auch in sozialen Medien veröffentlicht.

Content-Marketing-Spezialist

Haupt-KPIs: Verweildauer auf der Seite, gesamter Blog-Verkehr, YouTube-Kanal-Abonnenten

Content-Marketing-Spezialisten sind die Ersteller digitaler Inhalte. Sie verfolgen regelmäßig den Blogging-Kalender des Unternehmens und entwickeln eine Content-Strategie, die auch Videos umfasst. Diese Fachleute arbeiten häufig mit Mitarbeitern in anderen Abteilungen zusammen, um sicherzustellen, dass die Produkte und Kampagnen bei der Markteinführung durch Werbeinhalte unterstützt werden auf jedem digitalen Kanal vorhanden.

Social-Media-Manager

Haupt-KPIs: Follows, Impressionen, Shares

The role of a social media manager is easy to infer from the title, but which social networks they manage for the company depends on the industry. Social-Media-Manager erstellen vor allem einen Zeitplan für die Erstellung der schriftlichen und visuellen Inhalte des Unternehmens. Dieser Mitarbeiter könnte auch mit dem

Content-Marketing-Spezialisten zusammenarbeiten, um eine Strategie für die Inhalte zu entwickeln, die in welchem sozialen Netzwerk veröffentlicht werden sollen.

(Hinweis: Gemäß den oben genannten KPIs bezieht sich „Eindrücke" auf die Anzahl der Male, mit denen die Nachrichten eines Unternehmens in der Nachricht eines Benutzers angezeigt werden.)

Koordinator für Marketingautomatisierung

Haupt-KPIs: E-Mail-Öffnungsrate, Kampagnen-Click-Through-Rate, Lead-Generierungsrate (Konversionsrate).

Der Marketing-Automatisierungskoordinator hilft bei der Auswahl und Verwaltung der Software, die es dem gesamten Marketing-Team ermöglicht, die Wünsche ihrer Kunden zu verstehen haben und messen das Wachstum ihres Unternehmens. Da viele der oben beschriebenen Marketingaktivitäten getrennt voneinander durchgeführt werden können, ist es wichtig, dass es jemanden gibt, der sie unterstützen kann Teilen

Sie diese digitalen Aktivitäten in einzelne Kampagnen ein und verfolgen Sie die Leistung jeder Kampagne.

Inbound-Marketing vs. Digitales Marketing: Was ist das?

Oberflächlich betrachtet scheinen beide ähnlich zu sein: Beide finden hauptsächlich online statt und beide konzentrieren sich auf die Erstellung digitaler Inhalte, die die Menschen konsumieren können. Was ist also der Unterschied?

Der Begriff „digitales Marketing" unterscheidet nicht zwischen Push- und Pull-Marketingtaktiken (oder dem, was wir jetzt als „Inbound"- und „Outbound"-Methoden bezeichnen könnten). Beides kann immer noch unter das Dach des digitalen Marketings fallen.

Digitale Outbound-Taktiken zielen darauf ab, eine Marketingbotschaft so vielen Menschen wie möglich im Online-Bereich direkt zur Verfügung zu stellen – unabhängig davon, ob dies der Fall ist Es ist relevant oder willkommen. Zum Beispiel versuchen die grellen Banner-Anzeigen, die Sie oben auf vielen Websites sehen, Menschen als Produkt oder Werbung anzusprechen, die es nicht brauchen Ich bin bereit, es zu erhalten.

Auf der anderen Seite verwenden Vermarkter, die digitale Inbound-Taktiken einsetzen, Online-Inhalte, um ihre Zielgruppen per E-Mail auf ihre Websites zu locken Bereitstellung von Vermögenswerten, die für sie hilfreich sind. Eines der einfachsten, aber dennoch leistungsstärksten Inbound-Digital-Marketing-Assets ist ein Blog, der es Ihrer Website ermöglicht, die von Ihnen verwendeten Bedingungen zu nutzen Ideale Kunden suchen.

Letztlich ist Inbound-Marketing eine Methode, die digitale Marketing-Assets nutzt, um Kunden online zu gewinnen, zu engagieren und zu begeistern. Digitales Marketing hingegen ist lediglich ein Oberbegriff zur Beschreibung von Online-Marketing-Taktiken jeglicher Art, unabhängig davon, ob sie sinnvoll sind ob eingehend oder ausgehend

Funktioniert digitales Marketing für alle Unternehmen?

Digitales Marketing kann für jedes Unternehmen in jeder Branche funktionieren. Unabhängig davon, was Ihr Unternehmen verkauft, geht es beim digitalen Marketing immer noch darum, Kundengespräche zu führen, um die Bedürfnisse Ihres Publikums zu ermitteln und zu erstellen Wertvolle Online- Inhalte. Das heißt jedoch nicht, dass alle Unternehmen eine digitale Markenstrategie auf die gleiche Weise umsetzen sollten .

Digitales B2B-Marketing

Wenn Ihr Unternehmen Business-to-Business (B2B) ist, konzentrieren sich Ihre digitalen Marketingbemühungen wahrscheinlich auf die Online-Lead-Generierung mit dem Endziel dazu dienen, dass jemand einen Verkäufer anspricht. Aus diesem Grund besteht die Aufgabe Ihrer Marketingstrategie darin, die qualitativ hochwertigsten Leads für Ihre Kunden über Ihre Websites zu gewinnen und umzuwandeln Es und die Unterstützung digitaler Kanäle.

Über Ihre Website hinaus werden Sie sich wahrscheinlich dafür entscheiden, Ihre Bemühungen auf geschäftsorientierte Kanäle wie LinkedIn zu konzentrieren, in denen sich Ihre Zielgruppe befindet Sie verbringen ihre Zeit online.

Wenn Ihr Unternehmen ein Business-to-Consumer-Unternehmen (B2C) ist, ist es abhängig vom Preis Ihrer Produkte wahrscheinlich, dass das Ziel Ihrer digitalen Marketingbemühungen darin besteht um Menschen auf Ihre Website zu locken und sie zu Kunden zu machen, ohne es jemals tun zu müssen einem Verkäufer etwas sagen.

Aus diesem Grund konzentrieren Sie sich wahrscheinlich weniger auf „Leads" im herkömmlichen Sinne, sondern eher auf den Aufbau einer Spur Bewertete Käuferreise, von dem Moment an, in dem jemand auf Ihrer Website landet, bis zu dem Moment, in dem er sie macht ein Kauf. Dies bedeutet oft, dass Ihre Produktmerkmale in Ihren Inhalten weiter oben im Marketing-Trichter liegen, als es für B2B-Unternehmen der Fall wäre, und Sie müssen möglicherweise stärkere Informationen verwenden Handlungsaufforderungen (Calls-to-Action, CTA).

Für B2C-Unternehmen können Kanäle wie Instagram und Pinterest oft wertvoller sein als geschäftsorientierte Plattformen wie LinkedIn.

Welche Jobs im digitalen Marketing gibt es?

Die meisten digitalen Vermarkter konzentrieren sich auf einen bestimmten Bereich. Es gibt eine große Auswahl an Berufsbezeichnungen im digitalen Marketing, die alle unterschiedliche Fähigkeiten und Talente erfordern. Wenn Sie sich für digitales Marketing interessieren, gibt es einen Platz für Sie und Ihre Interessen.

Jeder kann ein digitaler Vermarkter werden, nicht weil es einfach ist, sondern weil es sich um ein so vielfältiges Feld handelt. Manche Jobs basieren eher auf Daten, manche sind kreativer, manche eher sozial.

Dies ist nur eine kleine Auswahl der Karrieremöglichkeiten im digitalen Marketing, die Ihnen zur Verfügung stehen. Schauen Sie sich diese kurzen

Stellenbeschreibungen an, um herauszufinden, ob sie gut zu Ihren Interessen und Fähigkeiten passen.

SEO-spezifisch

Suchmaschinenoptimierung, allgemein bekannt als SEO, ist die Arbeit hinter den Kulissen, die Sie mit genau dem verbindet, was Sie suchen, wenn Sie eine Suchmaschine verwenden h Motor. Dieser Bereich des digitalen Marketings erhöht die Sichtbarkeit einer Marke, indem sie dazu beiträgt, dass ihre Website den Nutzern nach relevanten Suchbegriffen angezeigt wird. Da die Suchalgorithmen immer komplexer werden, wird diese Rolle immer technischer und datengesteuerter.

Social-Media-Vermarkter

Social-Media-Vermarkter verwalten die Präsenz einer Marke auf verschiedenen Plattformen, einschließlich der Interaktion mit Followern und der Reaktion auf Beschwerden nts oder Fragen. Social-Media-Manager können auch für die Entwicklung gezielter Anzeigen verantwortlich sein, die das Bewusstsein für ihre Marke schärfen, um Nutzer zu nutzen, die möglicherweise nicht fündig werden Erlauben Sie ihnen noch.

Grafikdesigner

Starke visuelle Elemente sind ein wichtiger Bestandteil des digitalen Marketings. Kreative Grafikdesigner werden benötigt, um auffällige Bilder für Videos, Infografiken, Blogbeiträge und Social-Media-Beiträge zu erstellen. Manche Designer entwerfen und überwachen sogar komplette visuelle Markenstrategien.

Videograf

Videos, die informieren und unterhalten, sind ein zentraler Aspekt vieler digitaler Marketingpläne. Videoteams können viele Rollen umfassen, wie Produzenten, Videoredakteure, Drehbuchautoren und Videografen. Videofilmer vereinen den kreativen Blick für die Aufnahme eines professionellen, markengerechten Videos mit den technischen Fähigkeiten, die für die Umsetzung erforderlich sind.

Content-Vermarkter

Digitale Inhalte gibt es in vielen Formen, z. B. als Blogposts, Infografiken, Videos, Social-Media-Posts und Podcasts. Content-Vermarkter sind die kreativen Köpfe hinter all diesen Medienformen. Sie erstellen Inhalte, die zur Marke ihrer Organisation passen, den besten SEO-Praktiken entsprechen und ihr Publikum ansprechen.

Bezahlte digitale Werbung speziell

Bezahlte digitale Werbeangebote sind die Vorteile dieser zielgerichteten Anzeigen, die Sie genau dann finden, wenn Sie sie brauchen. Sie nutzen Daten, um kluge Entscheidungen über die Erstellung und gezielte Ausrichtung von Anzeigen auf die perfekte Zielgruppe zu treffen – und dabei das Budget einzuhalten. Obwohl sie sicherlich einen großen Teil des Rätsels ausmachen, sind digitale Anzeigen nicht auf soziale Medien beschränkt. Sie können die Arbeit dieser digitalen Vermarkter auch kennenlernen, während Sie Musik streamen, YouTube-Videos ansehen oder nach weiteren Informationen zu einem Thema suchen.

Komponenten des digitalen Marketings

Digitales Marketing erstreckt sich über ein riesiges Netzwerk digitaler Touchpoints, mit denen Kunden mehrmals am Tag interagieren. Um diese Kanäle richtig nutzen zu können, müssen Sie jeden einzelnen verstehen.

- Bezahlte Suche. Bezahlte Suche oder Pay-Per-Click (PPC)-Werbung bezieht sich normalerweise auf das bestätigte Ergebnis oben oder auf der Seite einer Suchmaschinen-Ergebnisseite (SERP). Diese Anzeigen berechnen Ihnen für jeden Klick eine Gebühr und können so angepasst werden, dass sie angezeigt werden, wenn bestimmte Suchbedingungen eingegeben werden, sodass Ihre Anzeigen auf die Zielgruppe ausgerichtet sind Ich suche etwas Bestimmtes. Diese Anzeigen können äußerst effektiv sein, da sie auf Daten basieren, die aus dem Online-Verhalten einzelner Personen gewonnen werden, und dazu dienen, den Website-Verkehr durch die Bereitstellung zu steigern Schalten Sie relevante Anzeigen zur richtigen Zeit an die richtige Zielgruppe. Diese Anzeigen beinhalten auch Retargeting, was bedeutet, dass Marketing-Automatisierungstools je nach den Aktionen der Kunden einzigartige, relevante Cross-Points erstellen können Latform-Anzeigen.

- Suchmaschinenoptimierung (SEO). SEO ist der Prozess der Optimierung des Inhalts, der technischen Einrichtung und der Reichweite Ihrer Website, damit Ihre Seiten ganz oben in der Suche erscheinen Das Ergebnis ist ein bestimmter Satz von Schlüsselwortbegriffen. Der Einsatz von SEO kann Besucher auf Ihre Website leiten, wenn sie ein Verhalten zeigen, das darauf hindeutet, dass sie nach relevanten Produkten suchen, was ein Spiel sein kann In Anbetracht dessen, dass 90 % der Suchenden noch keine Meinung über eine Marke gebildet haben (Status Labs, 2018). Während PPC und Retargeting ihre Berechtigung haben, hat organischer Online-Verkehr, der durch Suchmaschinenoptimierung erzielt wird, enormen Einfluss auf die Suchmaschinenrankings und im Großen und Ganzen organischer Straßenverkehr. Durch die Verwendung von Schlüsselwörtern und Phrasen können Sie SEO nutzen, um die Sichtbarkeit erheblich zu erhöhen und eine dauerhafte Kundenbeziehung aufzubauen. Unter SEO versteht man die Erhöhung des Rankings einer Website in Online-Suchergebnissen und damit des organischen Website-Verkehrs durch die Verwendung beliebter Schlüsselwörter und Phrasen . Starke SEO-Strategien sind von großem Einfluss auf digitale Marketingkampagnen, da Sichtbarkeit der erste Schritt zu dauerhaften Kundenbeziehungen ist h.

- Content-Marketing. Effektives Content-Marketing ist nicht nach außen hin werblich, sondern dient vielmehr dazu, Verbraucher aufzuklären und zu inspirieren, die sich informieren möchten atón. Wenn Sie Inhalte anbieten, die für Ihr Publikum relevant sind, kann es Sie als durchdachten Anführer und vertrauenswürdige Informationsquelle schützen Es ist weniger wahrscheinlich, dass Ihre anderen Marketingbemühungen in der Statistik untergehen. Im Zeitalter des selbstgesteuerten Käufers erhält Content-Marketing dreimal mehr Leads als bezahlte Suchwerbung, sodass sich der zusätzliche Aufwand durchaus lohnt .

- Social-Media-Marketing. Der Schlüssel zu einem effektiven Social-Media-Marketing geht weit über die bloße Einrichtung aktiver Social-Media-Konten hinaus. Sie müssen auch soziale Elemente in jeden Aspekt Ihrer Marketingbemühungen einbeziehen, um so viele Möglichkeiten für den gegenseitigen Austausch wie möglich zu schaffen. Je mehr Ihr Publikum dazu angeregt wird, sich mit Ihren Inhalten zu beschäftigen, desto wahrscheinlicher ist es, dass sie diese teilen und möglicherweise ihre Interessen dazu inspirieren, Inhalte zu erstellen auch einige.

- E-Mail-Marketing. Nach mehr als zwei Jahrzehnten ist E-Mail immer noch der schnellste und direkteste Weg, Kunden mit wichtigen Informationen zu erreichen. Heutzutage müssen erfolgreiche E-Mail-Kampagnen unglaublich ansprechend, relevant, informativ und unterhaltsam sein, damit sie nicht in den Interessen Ihrer Kunden untergehen Posteingang. Um erfolgreich zu sein, sollten Ihre Marketing-E-

Mails fünf Kernattribute erfüllen. Sie müssen vertrauenswürdig, relevant, konversativ, kanalübergreifend und strategisch koordiniert sein.

- Mobiles Marketing. Mobile Geräte werden in unseren Taschen neben unseren Betten aufbewahrt und den ganzen Tag über ständig überprüft. Dies macht das Marketing auf Mobilgeräten unglaublich wichtig – zwei Drittel der Verbraucher können sich an eine bestimmte Marke erinnern, die sie im Internet auf Mobilgeräten beworben haben Nur eine Woche – aber das Mobiltelefon ist angesichts seiner intimen Natur auch sehr nuanciert. SMS, MMS und In-App-Marketing sind alles Möglichkeiten, um Ihre Kunden auf ihren Geräten zu erreichen, aber darüber hinaus müssen Sie über die Koordination Ihres Marktes nachdenken Verstärken Sie Ihre Bemühungen auf Ihren anderen digitalen Marketingkanälen.

- Marketing-Automatisierung. Marketing-Automatisierung ist eine integrierte Plattform, die

Ihr gesamtes digitales Marketing miteinander verbindet. Tatsächlich verzeichnen Unternehmen, die das Lead-Management automatisieren, in sechs bis neun Monaten einen Umsatzanstieg von 10 % oder mehr. Ohne sie werden Ihre Kampagnen wie ein unvollendetes Rätsel aussehen, bei dem ein entscheidendes Teil fehlt. Marketingautomatisierungssoftware optimiert und automatisiert Marketingaufgaben und Arbeitsabläufe, misst Ergebnisse und berechnet die Kapitalrendite Steigern Sie den ROI (ROI) Ihrer digitalen Kampagnen und helfen Sie dabei, Ihren Umsatz schneller zu steigern. Marketing-Automatisierung kann Ihnen dabei helfen, wertvolle Einblicke darüber zu gewinnen, welche Programme funktionieren und welche nicht, und sie wird Ihnen die nötigen Maßnahmen liefern, um Ihnen zu helfen Dies gilt auch für die Bemühungen des digitalen Marketings, das Endergebnis Ihres Unternehmens zu beeinflussen.

Angesichts der Vielfalt der digitalen Marketingmethoden gibt es eine sehr vielfältige Reihe von Vorteilen, die für digitale Vorteile zur Verfügung stehen. Auf einer übergeordneten Ebene ermöglicht digitales Marketing es Unternehmen, Kunden bei alltäglichen Aktivitäten, wie z Ich lese Medien, lese Online-Artikel, schaue mir Videos an usw. Wenn Kunden auf diese Art von natürlichem und regelmäßigem Marketing in Kontakt kommen, kann dies eine Reihe kommerzieller Vorteile mit sich bringen.

Genauer gesagt kann digitales Marketing Unternehmen dabei helfen, einen oder alle der folgenden Vorteile zu erzielen:

- Globale Reichweite – Im Gegensatz zu herkömmlichen Methoden ist digitales Marketing nicht unbedingt an ein bestimmtes geografisches Gebiet gebunden. Das Internet steht Kunden auf der ganzen Welt zur Verfügung. Dies ermöglicht es Unternehmen, an Kunden zu vermarkten und zu verkaufen, die in einem anderen Staat oder

Land leben, wodurch viele traditionelle Hindernisse beseitigt werden Eintrag.

- Niedrige Eintrittskosten – Um die globale Reichweite des digitalen Marketings über traditionelle Kanäle zu erreichen, wäre ein seriöses Preisschild angebracht. Andererseits können bestimmte Aspekte des digitalen Marketings mit einem geringen Zeit- und Ressourcenaufwand erreicht werden. Beispielsweise können selbst kleine oder Start-up-Unternehmen eine Website erstellen, soziale Medien verwalten und Blogs veröffentlichen, ohne die Bank zu sprengen.

- Messbarer ROI – Um den Gewinn zu maximieren, müssen Unternehmen den Return on Investment (ROI) sorgfältig bewerten. Beim traditionellen Marketing kann es schwierig, manchmal sogar unmöglich sein, den ROI zu messen. Auf der anderen Seite bietet digitales Marketing einen Echtzeit-Einblick in die Wirksamkeit jeder Kampagne und ermöglicht es Führungskräften, uns zu verbessern Gut informierte Entscheidungen, um den Umsatz zu steigern und den Gewinn zu steigern.

- Verbessertes Targeting – Digitales Marketing ermöglicht es Unternehmen, sehr spezifische Zielgruppen potenzieller Kunden anzusprechen. Durch die Einbindung von Kunden in einer bestimmten Region, Branche oder einem bestimmten sozialen Kanal haben Unternehmen viel bessere Chancen, ihr Ziel zu erreichen demografische Informationen erhalten.

- Dynamische Anpassungsfähigkeit – Digitale Marketingstrategien sind äußerst formbar und flexibel und ermöglichen es Unternehmen, ihren Kurs bei Bedarf anzupassen. Im Gegensatz zu langfristigen, traditionellen Marketingkampagnen können Unternehmen ihre digitalen Bemühungen im Handumdrehen anpassen und so bei Bedarf schnelle Weichenstellungen ermöglichen Es ist möglich, kommerzielle Möglichkeiten zu nutzen.

- Sofortige Verbindung – Bevor moderne Kunden einen Kauf tätigen, führen sie im Allgemeinen eine Online-Recherche durch und bewerten

Bewertungen. Der erste Schritt in diesem Prozess beginnt normalerweise mit einer Suchmaschine. Auf diese Weise können Unternehmen mit entwickelten SEO-, SEM- und PPC-Strategien sofort mit Kunden in Kontakt treten.

- Beziehungsaufbau – Der Aufstieg sozialer Medien hat sie zu einer wichtigen Kommunikationsplattform für viele Kunden gemacht. Darüber hinaus möchten Kunden zunehmend mit Unternehmen zu ihren Bedingungen und auf ihrer bevorzugten Plattform interagieren. Infolgedessen können Unternehmen, die effektive SMM-Praktiken anwenden, langfristige und lokale Beziehungen zu aktuellen und zukünftigen Kunden aufbauen.

- Insgesamt können Unternehmen jeder Art und Größe durch den effektiven Einsatz digitaler Marketingmethoden erhebliche Vorteile erzielen. Darüber hinaus können die Kosten für digitales Marketing auf jedes bestimmte Unternehmen zugeschnitten werden, wodurch viele Hindernisse für den Eintritt traditioneller Methoden beseitigt werden. Bei so vielen Vorteilen, die für nahezu jedes Budget verfügbar sind, ist es verständlich, warum so viele Unternehmen mit digitalen Marketingbemühungen erfolgreich sind s.

Die Vorteile des digitalen Marketings

Digitales Marketing hat vor allem deshalb an Bedeutung gewonnen, weil es ein so breites Publikum erreicht, aber es bietet auch eine Reihe anderer Vorteile naja. Dies sind nur einige der Vorteile.

Eine große geografische Reichweite

Wenn Sie eine Anzeige online schalten, können die Leute sie sehen, egal wo sie sich befindet (vorausgesetzt, Sie haben Ihre Anzeige nicht geografisch eingeschränkt). Dies macht es einfach, die Marktreichweite Ihres Unternehmens zu vergrößern.

Kosteneffizienz

Digitales Marketing erreicht nicht nur ein breiteres Publikum als traditionelles Marketing, sondern ist auch kostengünstiger. Die Gemeinkosten für Zeitungsanzeigen, Fernsehsendungen und andere traditionelle Marketingmöglichkeiten können hoch sein. Sie geben Ihnen auch weniger Kontrolle darüber, ob Ihre Zielgruppen diese Nachrichten überhaupt sehen werden.

Mit digitalem Marketing können Sie nur einen Inhalt erstellen, der Besucher auf Ihren Blog lockt, solange dieser aktiv ist. Sie können eine E-Mail-Marketingkampagne erstellen, die Nachrichten an gezielte Kundenlisten nach einem bestimmten Zeitplan sendet, und es ist einfach, dies zu ändern zum Zeitplan oder zum Inhalt, wenn Sie dies tun müssen.

Wenn Sie alles zusammenzählen, bietet Ihnen digitales Marketing viel mehr Flexibilität und Kundenkontakt für Ihre Werbeausgabe.

Quantifizierbare Ergebnisse

Um zu wissen, ob Ihre Marketingstrategie funktioniert, müssen Sie herausfinden, wie viele Kunden sie anzieht und wie viel Umsatz sie letztendlich generiert. Aber wie macht man das mit einer nicht-digitalen Marketingstrategie?

Es gibt immer die traditionelle Möglichkeit, jeden Kunden zu fragen: „Wie haben Sie uns gefunden?"

Leider funktioniert das nicht in allen Branchen. Viele Unternehmen haben keine Möglichkeit, Einzelgespräche mit ihren Kunden zu führen, und Umfragen liefern nicht immer vollständige Ergebnisse.

Mit digitalem Marketing ist die Ergebnisüberwachung einfach. Digitale Marketing-Software und -Plattformen verfolgen automatisch die Anzahl der gewünschten Gespräche, die Sie erhalten, sei es per E-Mail, zu günstigen Preisen oder bei Besuchen bei Ihnen zu Hause Seite oder Direkteinkäufe.

Einfachere Personalisierung

Digitales Marketing ermöglicht es Ihnen, Kundendaten auf eine Weise zu sammeln, wie es beim Offline-Marketing nicht möglich ist. Digital erfasste Daten sind tendenziell viel präziser und präziser.

Stellen Sie sich vor, Sie bieten Finanzdienstleistungen an und möchten Sonderangebote an Menschen verschicken, die sich Ihre Produkte angesehen haben. Sie wissen, dass

Sie bessere Ergebnisse erzielen, wenn Sie das Angebot auf die Interessen der Person ausrichten, und beschließen daher, zwei Kampagnen vorzubereiten. Eine ist für junge Familien, die sich Ihre Lebensversicherungsprodukte angesehen haben, und die andere ist für tausendjährige Unternehmer, die über Ihren Ruhestand nachgedacht haben Pläne.

Wie sammeln Sie all diese Daten ohne automatische Nachverfolgung? Wie viele Telefonaufzeichnungen müssten Sie durchgehen? Wie viele Kundenprofile? Und woher wissen Sie, wer die Broschüre, die Sie verschickt haben, gelesen hat oder nicht?

Mit digitalem Marketing haben Sie all diese Informationen bereits zur Hand.

Mehr Verbindung mit Kunden

Durch digitales Marketing können Sie in Echtzeit mit Ihren Kunden kommunizieren. Noch wichtiger ist, dass sie dadurch mit Ihnen kommunizieren können.

Denken Sie über Ihre Social-Media-Strategie nach. Es ist großartig, wenn Ihre Zielgruppe Ihren neuesten Beitrag sieht, aber noch besser ist es, wenn sie ihn kommentieren oder teilen. Es bedeutet mehr Aufregung rund um Ihr Produkt oder Ihre Dienstleistung und eine erhöhte Sichtbarkeit, jedes Mal, wenn sich jemand an der Unterhaltung beteiligt.

Auch Ihre Kunden profitieren von der Interaktivität. Ihr Grad an Engagement steigt, wenn sie zu aktiven Teilnehmern an der Geschichte Ihrer Marke werden. Dieses Gefühl der Eigenverantwortung kann ein starkes Gefühl der Markentreue hervorrufen.

Einfache und bequeme Konvertierungen

Durch digitales Marketing können Ihre Kunden sofort Maßnahmen ergreifen, nachdem sie Ihre Anzeige oder Ihren Inhalt angesehen haben. Bei herkömmlichen Anzeigen ist das unmittelbarste Ergebnis, auf das Sie hoffen können, ein Anruf, kurz nachdem jemand Ihre Anzeige gesehen hat. Aber wie oft hat jemand die Zeit, sich an ein Unternehmen zu wenden, während er gerade den Abwasch erledigt, die Autobahn entlangfährt oder Unterlagen bei der Arbeit aktualisiert?

Mit digitalem Marketing können sie auf einen Link klicken oder einen Blogbeitrag speichern und sich sofort durch den Verkaufstrichter bewegen. Sie tätigen möglicherweise nicht sofort einen Kauf, aber sie bleiben mit Ihnen in Verbindung und geben Ihnen die Möglichkeit, weiter mit ihnen zu interagieren.

4 Beste Internet-Marketing-Strategien für Ihren Einzelhandel

Es gibt viele Möglichkeiten, Ihr Einzelhandelsunternehmen online zu bewerben. Manchmal können Sie sogar Unterstützung bei der Finanzierung dieser Werbung von Herstellern erhalten, indem sie Ihnen Co-Op-Dollar zur Verfügung stellen. Aber in jedem Fall kann Ihr Marketing viel dazu beitragen, die Verkäufe anzukurbeln.

Hier sind vier Strategien, um das zu erreichen.

1. SEO für Einzelhandel

   Suchmaschinenoptimierung, oft als SEO bezeichnet, ist der Prozess der Verbesserung Ihrer Website, um in den Suchergebnisseiten besser zu ranken und so mehr Traffic und Leads zu generieren. Wenn Sie besser ranken, werden Sie sichtbarer und ziehen Besucher sowie potenzielle Käufer auf Ihre Seite.

Bei der Optimierung Ihrer Website für SEO gibt es viele Faktoren zu beachten, wie Benutzererfahrung, Inhalt und Ihren HTML-Code. Suchmaschinen verwenden einen Algorithmus, um jeder Website eine Note zu geben. Zum Beispiel durchsucht Google beim Suchen alle Websites, um zu bestimmen, wie relevant diese Seite für die Suche ist. Suchmaschinenalgorithmen ändern sich ständig, also ändern sich auch Ihre SEO-Taktiken.

SEO ist für Einzelhandelsgeschäfte wichtig, da Statistiken zeigen, dass 79% der US-Verbraucher online einkaufen. Eine optimierte E-Commerce-Website kann Ihnen helfen, mehr Traffic zu generieren und Konversionen zu steigern.

Einige Tipps für die SEO-Optimierung für Einzelhandelsseiten:

- Frische Inhalte: Suchmaschinen versuchen, Benutzeranfragen mit den aktuellsten und genauesten Suchergebnissen abzugleichen. Eine

Möglichkeit, positive Autoritätssignale an Google zu senden, besteht darin, Ihre Seite regelmäßig mit neuen Inhalten zu aktualisieren.

- Google Business-Profil: Besonders für Einzelhandelsgeschäfte mit Filialen ist es wichtig, aktuelle Informationen bereitzustellen und Ihr Listing im Google Business-Profil zu überprüfen. Dies ermöglicht es Google, Ihr Listing als glaubwürdig und aktuell zu betrachten, um sicherzustellen, dass Google Ihr lokales Listing anzeigt, wenn danach gesucht wird.

- Mobile Erfahrung: Da mobile Nutzer mit 60% den Großteil der Internetnutzung ausmachen, ist es unerlässlich, dass Websites über alle Geräte hinweg eine nahtlose Benutzererfahrung bieten. Google hat erklärt, dass responsives Design ihre bevorzugte Website-Struktur ist, die es Webadministratoren ermöglicht, eine Website zu haben, die sich je nach Gerätegröße anpasst, ohne doppelten Inhalt zu erstellen.

2. Google Merchant Center für den Einzelhandel

Das Google Merchant Center ist eine weitere Möglichkeit, Ihre E-Commerce-Präsenz zu erhöhen und potenzielle Käufer anzulocken. Über die Google Shopping-Plattform können Sie Produkte für Benutzer verfügbar machen, die auf Google nach Artikeln zum Kauf suchen.

Um loszulegen, wird Google Sie bitten, einen Datenfeed einzurichten, der nur Informationen zu Ihren Produkten in einem von Google lesbaren und verarbeitbaren Format enthält. Es ist wichtig, die Elemente Ihres Feeds so zu strukturieren, dass Google sie verstehen kann, damit Ihre Produkte bei relevanten Suchanfragen angezeigt werden. Zum Beispiel, wenn Sie schwarze Jeansjacken zu Ihrem Datenfeed hinzufügen, erscheint Ihre schwarze Jeansjacken-Liste möglicherweise in den Suchergebnissen, wenn Ihr Feed korrekt eingerichtet ist. Schlüsselinformationen bei der Erstellung Ihres Feeds sind Produktbeschreibungen, Produktkategorien, Produkttyp, Preis, Marke und Bekleidungskategorien.

Es gibt noch einige andere Vorteile der Nutzung des Google Merchant Centers, die Ihrer Online-Marketingstrategie zugutekommen können. Das Google Merchant Center kann mit Ihren Google Ads- und Analytics-Konten verbunden werden. Sie können Ihr Google Ads-Konto nutzen, um Google Shopping-Kampagnen durchzuführen und Ihre Anzeigen mit Produkten in Ihrem Merchant Center zu verknüpfen. Um diese Anzeigen zu verfolgen, können Sie Analytics verwenden, um Konversionen, Klicks und Kundeninteraktionen zu überwachen. Berichterstattung ist eine großartige Möglichkeit, Ihre Rendite zu beobachten und Erfolg zu messen.

3. Soziale Medien für den Einzelhandel Soziale Medien umfassen viele Plattformen, wobei einige der bekanntesten Facebook, Twitter und Instagram sind. Soziale Medien können als Möglichkeit genutzt werden, Ihre Produkte online zu bewerben und sogar zu verkaufen.

Soziale Medien und SEO sind enger miteinander verbunden, als Sie vielleicht denken. Beispielsweise kann sich soziale Medien direkt auf Ihre Linkbuilding-Strategie auswirken. Wenn Sie einen Blog nutzen, um frische Inhalte anzuzeigen, können Links zum Teilen auf sozialen Plattformen Ihre Ansichten steigern und den Verkehr auf der Website erhöhen. Dies ist nur ein Beispiel, aber es gibt viele Möglichkeiten, verschiedene soziale Medienplattformen zu nutzen, um Ihre Marketingbemühungen zu fördern.

Darüber hinaus können soziale Medienplattformen genutzt werden, um Leads und Verkäufe zu generieren. Facebook bietet Ihnen die Möglichkeit, Anzeigen zu schalten und einen Shop zu erstellen, um noch mehr potenzielle Käufer zu erreichen.

4. PPC und Retargeting für den Einzelhandel Pay-per-Click, oft als PPC bezeichnet, ist eine Art des Internetmarketings, bei dem Werbetreibende eine Kosten pro Klick-Gebühr, auch als CPC bekannt, zahlen, jedes Mal wenn auf ihre Anzeige geklickt wird. Im Gegensatz zu SEO, das Verkehr durch organische Besuche generiert, erzielt PPC Besuche durch bezahlte Einträge.

Wenn Sie eine PPC-Kampagne durchführen, erscheinen Ihre Anzeigen auf einer Suchergebnisseite, wenn ein Benutzer nach einem mit Ihrer Anzeige verbundenen Keyword sucht. Zum Beispiel, wenn Sie auf das Keyword "Haustiershampoo" bieten und ein Benutzer nach "Haustiershampoo" sucht, könnte Ihre Anzeige an oberster Stelle auf der Google-Ergebnisseite erscheinen. Es ist wichtig zu beachten, dass Google die CPC-Gebühr nur dann berechnet, wenn ein Benutzer auf Ihre Anzeige klickt. Es ist entscheidend,

KAPITEL ZWEI

Wie erstelle und setze ich eine digitale Marketingstrategie um?

Der Prozess zur Erstellung und Umsetzung einer digitalen Marketingstrategie umfasst viele Schritte und erforderliche Überlegungen. In diesem Zusammenhang ist es wichtig, Zeit und Ressourcen für die Planung und Umsetzung aufzuwenden. Informationen, Analysen und Untersuchungen, die während der Planung und Erstellung gesammelt werden, können bei der Umsetzung enorme Auswirkungen haben.

Es stimmt, dass jedes Unternehmen ungewöhnliche Bedürfnisse und Ziele hat. Dementsprechend wird sich die Erstellung und Umsetzung einer digitalen Marketingstrategie von Unternehmen zu Unternehmen ändern. Aber in der Praxis verwenden viele Unternehmen einen ähnlichen Prozess zur Erstellung und Umsetzung einer digitalen Marketingstrategie, wie unten beschrieben.

- Identifizieren Sie Marketingziele – Der erste Schritt in diesem Prozess besteht darin, bestimmte Ziele zu identifizieren, z. B. Verkäufe voranzutreiben, Leads zu generieren und Markenbekanntheit aufzubauen Bekanntmachung oder Erhöhung der Abonnentenzahl.

- Konsolidieren Sie Vertriebsprozesse – Um die Vorteile des digitalen Marketings zu maximieren, ist es notwendig, die digitalen Vertriebsprozesse zu verstehen und genau zu verstehen, wie sie es tun Einige werden digitale Einkäufe tätigen.

- Zielkunden isolieren – Die Schaffung einer starken Zielgruppe mit verfeinerten Käuferpersönlichkeiten hilft dabei, die idealen Kunden für den Kauf von Geschäftsgütern zu isolieren Dienstleistungen.

- Wählen Sie Marketingkanäle – Ausgestattet mit der Zielgruppe und den Interessen der Käufer ist es wichtig, die besten digitalen Marketingkanäle zu identifizieren, um diese idealen Kunden zu erreichen.

- Legen Sie klare Maßstäbe fest – Um eine digitale Marketingstrategie zu bewerten, ist es ratsam, klare Maßstäbe für Erfolge und mich festzulegen Stellen Sie sicher, dass Sie unterwegs Fortschritte machen.

- Nehmen Sie die notwendigen Anpassungen vor – Nach der Erstellung und Umsetzung einer digitalen Marketingstrategie ist es wichtig, den Fortschritt in Richtung der Ziele zu überwachen und bei Bedarf anzupassen déd.

Eine effektive Strategie für digitales Marketing muss die individuellen Bedürfnisse und Ziele des jeweiligen Unternehmens berücksichtigen. Dementsprechend ist eine digitale Marketingstrategie, die für einen kleinen Tante-Emma-Laden funktioniert, für eine globale Marke wahrscheinlich ungeeignet. Die gute Nachricht ist, dass digitales Marketing eine breite Palette an Methoden, Kanälen und Strategien bietet. Unternehmen nahezu jeder Größe und in nahezu jeder Branche können digitales Marketing mit großer Wirkung nutzen.

Was ist eine digitale Marketingkampagne?

Eine digitale Marketingkampagne ist eine strategische Online-Marketingmaßnahme, die durchgeführt wird, um ein bestimmtes Ziel zu erreichen. Normalerweise führt das Endergebnis zu einer größeren Markenbekanntheit, mehr Verkehr, verbesserten Konversationen oder mehr Einnahmen.

Der Zweck der Planung einer digitalen Kampagne besteht darin, Ihnen dabei zu helfen, herauszufinden, wer Ihre Zielgruppe ist, welches Ziel Sie erreichen möchten und welchen Prozess Sie verfolgen werden um dieses Ziel zu erreichen. Das Zusammenstellen einer erfolgreichen Online-Marketingkampagne kann eine Menge Arbeit sein, und es gibt eine Menge beweglicher Dinge, die Sie richtig machen müssen.

So starten Sie eine Online-Marketingkampagne

Dies sind die 10 Schritte für den Aufbau einer erfolgreichen digitalen Marketingkampagne.

- Legen Sie Ihre Marketingziele fest
- Identifizieren Sie Ihren Zielmarkt
- Führen Sie eine Stichwort- und Themenrecherche durch

- Führen Sie Marktforschung und Wettbewerberanalysen durch

- Wählen Sie Ihre Lieferkanäle und legen Sie Ihr Budget fest

- Erstellen Sie Ihre Content-Assets

- Führen Sie zuerst Pilotkampagnen durch

- Überwachen Sie die Kampagnen und analysieren Sie ihre Leistung

- Stellen Sie mehr Budget für profitable Aktivitäten bereit

- Richten Sie Remarketing-Kampagnen ein

Schritt 1: Legen Sie Ihre Marketingziele fest

Als Erstes müssen Sie herausfinden, warum Sie überhaupt eine digitale Marketingkampagne durchführen.

Die Möglichkeiten sind fast endlos, aber wenn Sie versuchen, zu viele Ziele auf einmal zu verfolgen, werden Sie keines davon erreichen . Möchten Sie beispielsweise Ihre Konversationen verbessern, Ihre E-Mail-Liste erweitern, Ihren Traffic verbessern, ein Ranking für mehr Keywords erstellen oder mehr

Follower gewinnen? Davon gibt es eine Handvoll Verschiedene Arten von Zielen, Markenbewusstsein, Umsatzsteigerung, Lead-Generierung, und soziales Follower-Wachstum. Einige dieser Zieltypen sind leichter zu quantifizieren als andere.

Beispiel für digitale Marketingziele (Quelle: CMI)

Es ist zum Beispiel viel einfacher zu sehen, ob Ihre E-Mail-Liste neue Abonnenten hat, als zu sehen, ob mehr Leute Ihre Marke kennen. Sie sollten jedoch versuchen, diese Ziele so gut wie möglich mit Daten zu untermauern.

Hier sind einige Beispiele für erreichbare Ziele:

- Verbessern Sie die Markenbekanntheit, indem Sie 5 Erwähnungen von wichtigen Nachrichtenagenturen/Websites erhalten
- Erhöhen Sie den Suchmaschinenverkehr innerhalb von 45 Tagen um 5.000 Besucher pro Monat
- Bis Ende 2020 die Zahl der Social-Media-Follower auf 10.000 verdoppeln

- Verbessern Sie Ihren Umsatz um 200 %, indem Sie unserem E-Commerce-Shop eine verlassene Warenkorb-Sequenz hinzufügen
- Fügen Sie innerhalb von 30 Tagen 500 neue Dual-E-Mail-Abonnenten hinzu

Zu jedem Ziel, das Sie sich setzen, gehört ein Aktionsplan. Wenn es Ihr Ziel beispielsweise ist, den organischen Verkehr zu steigern, dann umfasst dies die Bewertung Ihrer vorhandenen Inhalte, die Durchführung von Keyword-Recherchen und die Aktualisierung älterer Inhalte Sie schreiben neue Beiträge und betreiben sogar Backlink-Outreaching und die Förderung Ihrer Inhalte in sozialen Medien.

Sie können so viele Online-Marketingkampagnen durchführen, wie Sie möchten. Insgesamt sollten Sie für jede Kampagne, die Sie durchführen, ein bestimmtes messbares Ergebnis erzielen.

Auf diese Weise können Sie in Ihre Daten eintauchen, um zu sehen, was funktioniert, und so Ihre digitale Marketingstrategie für die Zukunft verfeinern.

Kennen Sie Ihr Publikum? Bevor Sie eine Marketingkampagne starten, müssen Sie die genaue Zielgruppe definieren, die Sie ansprechen möchten.

Wenn Sie diese Person noch nicht genau kennen, müssen Sie sich etwas Zeit nehmen und darüber nachdenken und erforschen, wer diese Person ist.

So definieren Sie Ihren Zielmarkt

Eine der besten Möglichkeiten, dies zu tun, besteht darin, eine sogenannte Käufer- oder Kundenbeziehung zu erstellen. Dies ist eine Beschreibung Ihres idealen Kunden und enthält Informationen wie:

- Was sie beruflich machen
- Wie viel Geld sie verdienen
- Wie ihre familiäre Situation ist
- Ihr Alter
- Welche Hobbys sie haben?
- Wenn Sie eine ideale Kundenperson erstellen, sollten Sie auch Folgendes einbeziehen:

- Welche anderen Arten von Websites besuchen sie online?

- Die Ziele, die sie verfolgen, wenn sie Ihre Website besuchen

- Alle Ängste oder Wünsche, die sie haben

Wenn Sie diese Übung noch nie zuvor durchgeführt haben, können Sie tatsächlich Informationen über Ihren Zielmarkt aus vorhandenen Daten abrufen.

Eine der besten Quellen hierfür ist Google Analytics. Wenn Ihre Website stark frequentiert wird, können Sie Ihre Daten durchsuchen, um Informationen abzurufen wie:

- Alter

- Geschlecht

- Woher sie kommen

- Wie sie auf Ihrer Website navigieren

- Die Arten von Inhalten, die sie am meisten schätzen

All dies sollte in einem Dokument oder Benutzerprofil zusammengefasst werden. Sie können sogar Bilder einbinden, damit jeder, der an der Kampagne arbeitet, dies sehen kann ist eine Person.

Wenn Sie über mehrere unterschiedliche Zielgruppensegmente verfügen, sollten Sie diesen Vorgang mehrmals durchführen und für jedes Ihrer Segmente Kundenavatare erstellen Zielgruppe oder Markt, auf den Sie abzielen.

Schritt 3. Führen Sie eine Stichwort- und Themenrecherche durch

Jetzt sollten Sie eine klare Vorstellung von Ihrem idealen Ergebnis haben und einen detaillierten Überblick über die Art der Personen haben, die Sie ansprechen möchten.

Indem Sie die richtigen Schlüsselwörter finden, wissen Sie genau, was potenzielle Leser und Kunden in Google eingeben, um ihre Fragen zu beantworten oder das Produkt zu finden Kosten und Dienstleistungen, die Sie anbieten.

Unabhängig vom Kanal sollten Sie eine Keyword-Recherche durchführen, um Themen und Keywords aufzudecken, über die Ihre Leser mehr erfahren möchten.

Ganz gleich, ob Sie eine SEO-, PPC-, E-Mail-, Facebook- oder eine ganz andere Kampagne erstellen, die Keyword-Recherche kann dabei helfen, Sie auf den richtigen Weg zu bringen Richtigkeit.

Das Ziel der Schlüsselwortforschung besteht darin, sich in die Schuhe Ihres Kunden zu versetzen und über die Arten von Schlüsselwörtern nachzudenken, die er in Google (bzw eine andere Plattform), wenn Sie nach Ihren Produkten und Dienstleistungen suchen.

Nehmen Sie sich Zeit, um über Schlüsselwörter nachzudenken, die zu dieser Beschreibung passen, und führen Sie diese Schlüsselwörter dann durch Schlüsselwort-Tools aus, um SEO-Schlüsselwörter und -Phrasen zu finden, die eine gute Bewertung haben olume und nicht viel Konkurrenz.

Andere Möglichkeiten zum Brainstorming von Schlüsselwörtern:

- Suchen Sie auf Quora nach Ihrem Markt, um Fragen zu Ihrer Nische zu finden

- Verwenden Sie ein Tool wie Answer the Public, um fragebasierte Schlüsselwörter zu finden
- Verwenden Sie Google Keyword Planner, um die genauen Suchbegriffe von Benutzern bei der Google-Suche herauszufinden.

Sobald Sie Ihre erste Liste haben, können Sie diese vorgegebenen Schlüsselwörter verwenden und sie für detaillierte Schlüsselwortanalysen über ein Tool wie SEMRush ausführen.

PPC-Keyword-Recherche

Wenn Sie eine bezahlte Werbekampagne durchführen, wird Ihre Keyword-Suche etwas anders sein. Sie müssen auch die Kosten pro Klick für jedes Schlüsselwort vergleichen und diese Schlüsselwörter in verschiedene Gruppen einteilen.

Wenn Sie PPC-Anzeigen schalten, zahlen Sie, wenn ein Besucher auf Ihre Anzeige klickt und Ihre Website besucht. Ihr Ziel ist es also, Ihre Kosten pro Klick (CPC) niedrig zu halten und dennoch ein solides Kundenvolumen zu erreichen.

Sobald Sie die Schlüsselwörter gefunden haben, auf die Sie Ihre PPC-Anzeigen ausrichten möchten, verwenden Sie diese, um bei der Erstellung Ihrer Anzeigen zu helfen. Sie können beispielsweise Ihre Zielschlüsselwörter in Ihre Überschrift und Ihren Text aufnehmen.

Schritt 4: Führen Sie Marktforschung und Wettbewerbsanalysen durch

Wenn Sie Ihren Kunden verstehen, müssen Sie auch herausfinden, wo er sich online aufhält und was Ihre Konkurrenten tun.

Dies wird Ihnen helfen, eine Kampagne besser zu planen und sich selbst die besten Chancen auf einen Erfolg Ihrer Kampagne zu geben.

Sie können Ihre Kampagnen auch danach richten, was für Ihre Konkurrenten erfolgreich war. Dies ermöglicht es Ihnen, die Prozesse zu verkürzen und sich eine größere Chance zu geben, dass Ihre Kampagne erfolgreich ist.

Hier sind einige Fragen, die Sie bei der Suche nach Ihren Konkurrenten stellen sollten:

- Welche Art von Produkten werden beworben/was verkauft sich gut?
- Welche Art von Inhalten funktioniert bei meinen Konkurrenten gut?
- Welche beliebten Produkte und Dienstleistungen werden auf meinem Markt verkauft?

Sie können auch Tools wie Buzzsum® und sogar eine einfache Google-Suche verwenden, um Inhalte zu finden, die in Ihrem Bereich äußerst beliebt sind. Es kann hilfreich sein, Inhalte zu studieren, die sich großer Beliebtheit erfreuen, da sie ein tiefes Bedürfnis in Ihrer Nische ansprechen und einen großen Teil davon erfolgreich verbreiten Ihr Markt.

Wenn Sie eine Facebook-Werbekampagne schalten möchten, gibt es ein Tool namens Facebook Library Ads, mit dem Sie nach Werbeanzeigen zu diesem Thema suchen können über Ihre Nische, die in der Vergangenheit erfolgreich war.

Nutzen Sie die Facebook-Werbebibliothek, um mehr über die Taktiken Ihres Konkurrenten zu erfahren

Schritt 5: Wählen Sie Ihre Lieferkanäle und legen Sie Ihre Budgets fest

Wenn Sie mit der Durchführung digitaler Marketingkampagnen beginnen, werden Sie wahrscheinlich Kampagnen über eine Vielzahl digitaler Kanäle erstellen. Wenn Sie jedoch zum ersten Mal damit beginnen, sollten Sie sich nur auf einen oder zwei Kanäle konzentrieren.

Sie haben beispielsweise Facebook, Instagram, LinkedIn und Pinterest im Bereich der sozialen Medien. Sie haben Google-Anzeigen, Content-Marketing, Onsite- und Offsite-SEO, E-Mail-Marketing und vieles mehr.

Es besteht die Möglichkeit, dass Sie eine Kombination verschiedener Kanäle verwenden. Aber Sie haben einen Hauptkanal, der zu Ihrem Ziel passt.

Wenn Sie es tun, werden Sie mit 500 in 30 Jahren in den

- Testen Sie verschiedene E-Mail-Anmeldeformulare und -adressen, einschließlich Pop-Ups

- Optimieren Sie Ihre vorhandenen Inhalte und erstellen Sie neue Inhalte, die darauf ausgerichtet sind, Menschen auf Ihre Liste zu bringen

- Erstellen Sie E-Mail-Newsletter mit Mehrwert, die Ihre Leser dazu ermutigen, sie an einen Freund weiterzuleiten

- Gast-Blog auf beliebten Seiten in Ihrer Nische mit Links zurück zu einer Opt-in-Seite

- Teilen Sie den Link zu einer E-Mail-Abonnentenseite in Ihren Social-Media-Profilen

Wie Sie sehen, gibt es viele verschiedene überlappende Kanäle, die Sie nutzen können, um Ihr Hauptziel, die Erweiterung Ihrer E-Mail-Liste, zu erreichen.

Bevor Sie mit der Erstellung Ihrer Kampagnen beginnen, sollten Sie die Kanäle definieren, die Sie nutzen möchten.

Für jede digitale Marketingkampagne, die Sie durchführen, müssen Sie ein Budget festlegen. Digitale Werbung ist die günstigste Form der Werbung, Sie müssen jedoch trotzdem ein Budget festlegen.

Selbst die Durchführung von Bio-Kampagnen wird eine Investition an Zeit oder Geld erfordern. Sie können beispielsweise eine Stichwortrecherche durchführen, Ihre Inhalte verfassen und selbst Kontakt aufnehmen, oder Sie können jemand anderen damit beauftragen, dies für Sie zu tun.

Andere Formen digitaler Werbung sind von Anfang an erschwinglich, beispielsweise bezahlte Werbung.

Ihr Budget muss alles berücksichtigen, was Sie innerhalb Ihres Unternehmens ausgeben, sowie die Kosten für alle externen Unternehmen oder Auftragnehmer, die Sie nutzen werden Wir kümmern uns darum, kreative Materialien zu erstellen oder sogar Ihre Kampagnen für Sie zu verwalten.

Abhängig von der Kampagne, die Sie durchführen, müssen Sie verschiedene Inhaltsressourcen erstellen.

Hier sind einige Beispiele:

- Wenn Ihr Ziel darin besteht, den Traffic Ihrer organischen Suchmaschine zu steigern, müssen Sie eine Reihe von Blogbeiträgen erstellen.

- Wenn Sie Facebook- oder Instagram-Anzeigen schalten möchten, müssen Sie alle Ihre Werbematerialien und Landingpages erstellen, die Sie an den Empfänger senden zugehörig zu

- Wenn Sie eine Videomarketingkampagne durchführen, müssen Sie eine Reihe von Videos erstellen, bearbeiten und veröffentlichen

- Alle vorherigen Schritte werden Ihnen dabei helfen, Content-Assets zu erstellen, die dem Kampagnenziel dienen, für das Sie sich frühzeitig entschieden haben.

Einige Content-Assets, wie Blogbeiträge und Videos, werden relativ statisch sein, sobald Sie sie erstellen.

Allerdings werden Sie bei der Wahl Ihrer Werbung kreativer sein und Ihre Strategie basierend darauf verfeinern, welche Werbetaktiken Sie näher an Sie heranbringen Unser Ziel.

Wenn Sie jedoch eine digitale Werbekampagne durchführen, werden sich Ihre Inhaltsressourcen auf der Grundlage der Daten weiterentwickeln. Vielleicht haben Sie herausgefunden, dass ein bestimmter Bildtyp besser funktioniert als der Rest, oder dass eine bestimmte Überschrift zu 10 % mehr Einschaltquoten führt. Ihre Zielgruppenausrichtung bleibt relativ gleich (Targeting auf Ihren idealen Kunden), während sich Ihr Anzeigenkreativ auf der Grundlage dessen entwickelt, worauf Ihr Markt am meisten reagiert.

Schritt 7: Führen Sie zuerst Pilotkampagnen durch

Wenn Sie Werbekampagnen oder kostenpflichtige Medienkampagnen jeglicher Art durchführen, sollten Sie zunächst Testkampagnen durchführen, damit Sie sich nicht zu sehr verausgaben re budget.

Bei Ihren Testkampagnen beginnen Sie mit einem kleinen Budget und nehmen Verbesserungen vor, sobald Sie Feedback und Daten erhalten. Wenn Sie beispielsweise Anzeigen erstellen, können Sie verschiedene Überschriften, verschiedene Bilder, Textinhalte, CTAs und mehr testen.

Sie möchten ein Gleichgewicht finden: Halten Sie Ihr ursprüngliches Budget klein und erhalten Sie gleichzeitig genügend Daten, um Ihre Anzeigen zu verfeinern.

Wenn Sie kostenpflichtige Werbung betreiben, erhalten Sie bereits mit einem Betrag von 1 bis 10 US-Dollar pro Tag genügend Daten, mit denen Sie arbeiten können, wenn Sie sie einen Monat lang laufen lassen.

Wenn Sie für Inhalte bezahlen, ist es schwieriger, ein sofortiges Feedback zu erhalten. Sie können jedoch sehen, wie Ihr Publikum auf Ihre Artikel reagiert, indem Sie die Nachricht erhalten nts-Abschnitt, soziale Shares, Anmeldungen und Klicks (falls Sie Werbung machen). Ihr Blog wird in Ihre E-Mail-Liste aufgenommen.

Bei digitalen Marketingkampagnen besteht kein Mangel an verfügbaren Daten. Welche Plattform Sie auch verwenden, Sie werden in der Lage sein, alle Arten von Daten zu finden.

Beispielsweise verfügen E-Mail-Marketing-Tools über integrierte Analysen, jede Werbeplattform verfügt über ein eigenes Anzeigen-Dashboard und es gibt eine Vielzahl von Drittanbietern Ihre Tools, die Sie für Website-Statistiken und mehr verwenden können.

Bevor Sie jedoch anfangen, über Daten zu stöbern, sollten Sie sich auf Ihre Ziele besinnen. Dies wird Ihnen helfen, sich auf die Zahlen zu konzentrieren, die wirklich wichtig sind. Sobald Sie diese Zahlen analysieren können, können Sie herausfinden, was funktioniert und was nicht, sodass Sie Erkenntnisse haben, auf die Sie reagieren können.

Wenn Sie sich die richtigen Datenpunkte ansehen, können Sie Fragen wie die folgenden beantworten:

- Haben die neuen Blogposts zu einem Anstieg des Traffics und der E-Mail-Abonnenten geführt?

- Haben Sie neue Pressemeldungen von der Zeitung erhalten?

- Haben die neuen E-Mail-Serien zu mehr Produktkäufen geführt?

- Welche Facebook-Anzeigen führten zu mehr Produktverkäufen?

Es besteht eine gute Chance, dass viele Ihrer digitalen Marketingkampagnen keine positiven Ergebnisse liefern. Es ist jedoch wichtig, sich nicht entmutigen zu lassen, sondern die Durchführung von Kampagnen als ein Experiment zu betrachten, um herauszufinden, was funktioniert und was nicht.

Schritt 9: Stellen Sie mehr Budget für profitable Aktivitäten bereit

Sobald Sie sehen können, welche Kampagnen die besten Ergebnisse erzielen, ist es an der Zeit, noch einmal nachzulegen. Jetzt wissen Sie, dass Sie Ihr Geld nicht für bestimmte Aktivitäten verschwenden werden und dass sie in der Lage sein werden, eine nachweisbare Rendite zu erzielen.

Sie möchten Ihre Investition jedoch langsam steigern, anstatt sofort Ihr gesamtes verbleibendes Budget auszugeben. Es kann verlockend sein, alles zu investieren, aber wenn Sie beginnen, mehr von Ihrem Budget bereitzustellen, werden Sie weiterhin Daten abrufen.

Anschließend können Sie diese Daten verwenden, um Ihre Kampagnen weiter zu verfeinern. Irgendwann werden Sie einen Punkt erreichen, an dem Ihre Kampagnen so gut wie möglich optimiert sind. Wenn Sie diesen Punkt erreicht haben und den größtmöglichen ROI und die höchstmöglichen Konversionsraten erzielen, ist es wirklich an der Zeit, sich zu vergrößern.

Schritt 10: Remarketing-Kampagnen einrichten

Remarketing ist etwas, das Sie während Ihrer gesamten Kampagne nutzen sollten, insbesondere wenn Sie digitale Werbung nutzen.

Beim Remarketing handelt es sich um die Schaltung von Werbeanzeigen für Besucher, die Ihre Website bereits besucht haben. Diese Anzeigen werden überall dort angezeigt, wo Ihr Besucher online ist, einschließlich beim Ansehen von YouTube-Videos, beim Lesen eines Blogs, beim Scrollen durch soziale Medien oder beim Surfen im Internet.

Dies ermöglicht es Ihnen, mehr Verkäufe zu generieren, als Ihnen sonst entgangen wäre. Wenn sich jemand eines Ihrer Produkte ansieht oder eine bestimmte Seite auf Ihrer Website besucht, aber keinen Kauf tätigt, können Sie diese Person gezielt ansprechen Mit einer Vielzahl von Anzeigen. Am häufigsten sind Facebook- und Google-Anzeigen.

Diese Anzeigen werden dieser Person im Wesentlichen im Internet folgen und sie zurück auf Ihre Website leiten, um ihren Kauf abzuschließen. Sie können diesen Anzeigen sogar einen Gutschein hinzufügen, um Ihrem Besucher die Kaufentscheidung zu erleichtern.

Remarketing-Anzeigen sind auf allen großen digitalen Werbeplattformen verfügbar, einschließlich Facebook-Anzeigen und Google-Anzeigen.

Eine andere Form des Remarketings, die nicht auf Werbung beruht, ist E-Mail-Marketing. Sie können eine E- Mail-Benachrichtigung zum Warenkorbabbruch erstellen, die automatisch an Ihre Besucher gesendet wird, wenn sie Artikel in ihren Warenkorb legen, aber nicht Ich kann den Kauf nicht abschließen .

Die Menschen sind heutzutage unglaublich beschäftigt und abgelenkt, daher gibt es eine Reihe von Gründen, warum sie vergessen, ihren Einkauf abzuschließen. Eine E-Mail-Abbruchaktion kann eine einzelne E-Mail-Erinnerung oder eine ganze Reihe von E-Mails sein, die in bestimmten Abständen versendet werden.

Das Hinzufügen von Remarketing-Kampagnen zu der von Ihnen durchgeführten Kampagne hilft dabei, etwaige Konversationslücken zu schließen und sicherzustellen, dass Sie das Beste aus dem neuen Verkehr herausholen Welche Informationen erstellen Sie für Ihre Website?

Wir haben eine umfassende Liste digitaler Marketing-Tools zusammengestellt, die Ihnen unabhängig von Ihren Zielen helfen können, darunter einige kostenlose und Freemium-Tools für diejenigen mit einem knappen Budget.

Ganz gleich, ob es darum geht, Kundenbeziehungen zu verwalten, Leads zu gewinnen oder neue Marketingmöglichkeiten zu entdecken, diese Liste kann dabei hilfreich sein Grundlage eines leistungsstarken Marketing-Stacks.

Schauen Sie sich die folgenden Kategorien an, um loszulegen:

- Social-Media-Marketing-Tools
- E-Mail-Marketing-Tools
- SEO-Tools (Suchmaschinenoptimierung).
- Konversationsoptimierungstools
- Werkzeuge zur Bleianreicherung
- Zielseite und Lead-Capture-Tools
- Grafikerstellungstools

Wir haben aus erster Hand gesehen, wie sich soziale Medien heute zu einem bevorzugten Marketingkanal für Unternehmen entwickelt haben.

Social Media ist ein erstklassiger Ort, um Leads zu pflegen und Geschäftsbeziehungen aufzubauen. Es eignet sich ideal zum Sammeln wertvoller Daten, wenn es darum geht, was Ihr Kunde möchte Wir wollen.

Alle beweglichen Teile der sozialen Medien „von Hand" zu verwalten, ist ein Rezept für Burnout. Überlegen Sie stattdessen, wie Sie mit spezieller Software aussagekräftigere Inhalte veröffentlichen und soziale Medien nutzen können, um Ihre großen Geschäftsziele zu erreichen .

Sprout Social

Sprout Social ist das ultimative Kontrollzentrum für jedes Unternehmen, das seine soziale Präsenz in tatsächliche Ergebnisse umsetzen möchte. Als Social-Media-Management-Plattform hilft Sprout Unternehmen dabei, ihren Inhaltskalender und ihre Assets an einem

Ort zu organisieren. Auf diese Weise können Sie Ihre Inhalte auf mehreren Plattformen veröffentlichen und planen, und zwar immer perfekt, je nachdem, wann Ihre Follower am aktivsten sind tive.

Sprout Social gehört zu den besten digitalen Marketingtools für soziale Medien

Über die Social-Media-Management-Funktionen hinaus erleichtert Sprout die Zusammenarbeit mit Kollegen und Kunden gleichermaßen. Unser intelligenter Posteingang bietet Ihnen einen Überblick über alle Ihre sozialen Nachrichten, sodass Sie sorgfältig und zeitnah reagieren können.

Die Optimierung der Leistung Ihrer Inhalte muss kein Ratespiel sein, denn Sprout identifiziert Ihre Beiträge mit der besten Performance und den Erfolg Ihrer Social-Media-Aktivitäten Alle Kampagnen. In Verbindung mit leistungsstarken Social-Listening-Funktionen können Sie Trends, Hashtags und Möglichkeiten entdecken, mit neuen Kunden in Kontakt zu treten.

Loomlys selbst beschriebene „Markenerfolgsplattform" ist ein Tool, das sich ideal für kleinere soziale Teams eignet, die sich organisieren und zusammenarbeiten möchten Inhalt.

Integrierte Kalender, Fristen und Arbeitsabläufe machen sowohl die Planung als auch die Brainstorming-Inhalte zum Kinderspiel. Als zusätzlichen Bonus kuratiert Loomly tatsächlich neue Content-Ideen für Benutzer, die auf Trendthemen und Twitter-Konversationen basieren.

Die übersichtliche, schnörkellose Benutzeroberfläche ist einfach zu navigieren und benutzerfreundlich für Benutzer, die möglicherweise nicht die technisch versiertesten sind. Die Erschwinglichkeit der Plattform ist für Einzelunternehmen und kleinere Agenturen verlockend, die ihre soziale Präsenz ausbauen möchten.

Wir haben immer wieder über die Bedeutung des sozialen Zuhörens für die Identifizierung von Trends und potenziellen Kunden gesprochen. Tools wie Audience heben das Hören auf die nächste Ebene, indem sie Unternehmen dabei helfen, ihr Social-Media-Publikum sowohl zu identifizieren als auch zu segmentieren. Auf diese Weise ist es einfacher, gezielte Laser-Werbekampagnen durchzuführen und gleichzeitig tiefer in die Anliegen Ihrer Kunden einzutauchen. Wenn Sie sich mit der Bevölkerung, der Persönlichkeit und darüber hinaus befassen, werden Sie überrascht sein, was Sie allein aus den sozialen Medien lernen können.

Die Plattform von Audience konzentriert sich hauptsächlich auf Twitter und eignet sich daher hervorragend für B2B-Marken, die an der Planung interessiert sind, und B2C-Unternehmen, die daran interessiert sind Stehen Sie mehr für ihre Zielgruppe.

E-Mail-Marketing-Tools

E-Mail stellt wohl den bewährtesten und skalierbarsten Marketingkanal dar, der modernen Unternehmen zur Verfügung steht. Daher sind E-Mail-Lösungen ein Grundpfeiler der Internet-Marketing-Software für große und kleine Unternehmen.

Schauen wir uns einige Tools an, die Ihre Kundendaten aufschlüsseln können, von der Listenerstellung und Verbesserung der Lieferfähigkeit bis hin zur Entwicklung großartiger Angebotskampagnen und investieren Sie einen großen Teil Ihrer Marketingbemühungen in Autopilot.

SendGrid

SendGrid bietet eine umfassende Palette an E-Mail-Marketingdiensten, von denen viele sowohl für Anfänger als auch für E-Mail-Veteranen äußerst freundlich sind.

Beispielsweise bietet die Plattform flexible Gestaltungsmöglichkeiten über Visualisierung, Drag-and-Drop-Bearbeitung, Codierung oder eine Kombination aus beidem. In SendGrid sind auch detaillierte Zustellbarkeits- und Leistungsanalysen integriert, die den Vermarktern Aufschluss darüber geben, welche Nachrichten erfolgreich sind und woran noch gearbeitet werden muss.

Wir wissen: Es gibt mehr E-Mail-Marketing-Lösungen, als wir zählen können. Ein großer Vorteil von SendGrid ist jedoch der dauerhaft kostenlose Plan für aufstrebende Unternehmen sowie eine skalierbare Preisgestaltung, die Ihren Anforderungen entspricht während Sie Ihre Liste erweitern.

lemmt

Lemlist ist eines unserer E-Mail-Marketing-Tools, da die Plattform in erster Linie auf die Zustellbarkeit ausgerichtet ist. Hervorheben der besten Zeiten zum Versenden Ihrer Nachrichten (und wie oft), um mehr Aufmerksamkeit und Klicks zu erzielen, was für eine optimale Optimierung wichtig ist ng Ihrer bestehenden Kampagnen.

Anstatt Ihre Marketingimpulse im Nachhinein zu erraten, kann Lemlist ein Augenöffner sein, wenn es darum geht, wie Sie Ihre Liste aufwärmen können.

Zu den zusätzlichen Funktionen gehören Personalisierungstools, die dafür sorgen, dass Ihre Outreach-E-Mails weniger unangenehm klingen und Follow-up-E-Mail-Follow-up-Follow-up-Probleme auftreten Ermutigen Sie zu weiteren Antworten von kalten Interessenten.

Moosend gehört zu den benutzerfreundlichsten und erschwinglichsten unserer digitalen Marketingtools und stellt eine überraschend robuste E-Mail-Lösung dar oder diejenigen, die gerade erst anfangen, ihre Liste zu erstellen.

Codelose Kampagnen, einfache Automatisierungen und leicht lesbare Berichte sind alle in die Plattform integriert. Bezahlte Benutzer können auch die Landingpage-Funktionen nutzen, einschließlich mobiler Geräte und Countdown-Timer.

SEO-Tools (Suchmaschinenoptimierung).

Tatsache: Mehr als die Hälfte des gesamten Website-Verkehrs kommt von Suchmaschinen.

Da die digitale Landschaft immer wettbewerbsfähiger wird, ist alles, was Unternehmen tun können, um ihre Suchpräsenz zu erhöhen, von Vorteil. Obwohl SEO entmutigend sein kann, insbesondere für aufstrebende

Unternehmen, gibt es zahlreiche Online-Marketing-Tools, die Ihnen dabei helfen, Suchchancen zu entdecken Ja, und optimieren Sie Ihre bestehenden Suchbemühungen.

Ahrefs

Ahrefs ist der Goldstandard, wenn es um das Brainstorming von Keyword-Ideen und Ranking-Möglichkeiten geht.

Mit dem Site-Explorer der Plattform können Sie die wichtigsten organischen Schlüsselwörter jeder URL überprüfen und gleichzeitig abschätzen, wie viel Datenverkehr ein Wettbewerber erhält r ein beliebiger Suchbegriff. Sie können auch die leistungsstärksten Inhalte und Backlink-Quellen einer Website ermitteln.

Kurz gesagt, Ahrefs ist ein großartiges Tool, nicht nur für Wettbewerbsanalysen, sondern auch, um sicherzustellen, dass Ihre vorhandenen Inhalte einer Suche gewachsen sind.

Nehmen wir an, Sie sind daran interessiert, Keyword-Möglichkeiten zu nutzen und Ihre vorhandenen Inhalte zu optimieren. Hier kommt Clearscore ins Spiel.

Die Plattform ist besonders nützlich für das Schreiben von Inhalten und bietet einen detaillierten Editor, der Schlüsselwörter, Überschriften und Lesbarkeit empfiehlt, um Ihnen beim Schreiben (oder Umschreiben) hochwertiger, gut geschriebener Texte zu helfen. ausgewogene Blogbeiträge.

Ganz gleich, ob Sie eine Inhaltsstrategie aus dem Grundbuch erstellen oder Ihre bestehenden Blogs aktualisieren, Clearscope deckt jeden Winkel Ihrer Suche ab Mißachtung.

Mit SEMrush, einem weiteren wichtigen SEO-Tool, können Sie die Position Ihrer bevorzugten Keywords verfolgen und auch neue Begriffe erkunden, für die Sie ein Ranking erstellen können.

Die Aufschlüsselung der Schlüsselwortideen, -schwierigkeiten und -varianten des Tools eignet sich auch hervorragend zum Brainstorming von Inhaltsideen und zur Identifizierung der Suchabsicht.

Konvertierungsoptimierungstools

Die kleinsten Änderungen können den größten Unterschied machen, wenn es darum geht, Menschen vor Ort zum Konvertieren zu bewegen.

Allein das Ändern der Farbe Ihrer Call-to-Action-Schaltfläche kann den Unterschied zwischen der Anmeldung für eine kostenlose Testversion und der Anmeldung durch jemanden verdeutlichen. Unter den digitalen Marketingtools in Ihrer Toolbox kann Ihnen die Konvertierungsoptimierungssoftware Hinweise auf niedrig hängende Möglichkeiten zur Steigerung Ihres Umsatzes geben e.

Unbounce

Unbounce ist ein erstaunliches Tool zum schnellen Erstellen, Optimieren und Veröffentlichen neuer Landingpages zum Testen. Integrierte A/B-Tests und

Variantenanalysen können direkt beantworten, welche Kreativen, Handlungsaufforderungen und zusätzlichen Seitenelemente funktionieren (und was nicht der Fall ist).

Selbst wenn Sie kein großer Designer sind, können Sie die bewährten Landing-Page-Vorlagen von Unbounce als Ausgangspunkt verwenden und sie dann an Ihre Bedürfnisse anpassen Stil. Die Analysen der Plattform machen deutlich, welche Landing-Page-Varianten Ihre Top-Performer sind.

Optimal

Der Schwerpunkt liegt auf Landing-Page-Experimenten und kombiniert optimal Tools für die visuelle Gestaltung und Zielgruppenausrichtung, um Tests auf verschiedenen Segmenten schnell durchführen zu können Ihr Publikum.

Eine No-Code-Plattform, die es Ihnen ermöglicht, sowohl größere als auch kleinere Änderungen an Ihren Seiten zu testen und Ihre Website für die Leistung zu optimieren, muss kein großer Aufwand sein raking.

Hotjar

Die Plattform von Hotjar bietet eine visuelle Echtzeitaufzeichnung der Aktionen und Verhaltensweisen Ihrer Besucher vor Ort.

Durch Heatmaps, die Ihnen Aufschluss darüber geben, wo die Leute klicken (oder nicht klicken). Anhand der tatsächlichen Videoaufzeichnungen der Reise Ihres Besuchers können Sie buchstäblich auf einen Blick sehen, was optimiert werden muss.

Werkzeuge zur Bleianreicherung

Es ist gut dokumentiert, dass die meisten Website-Besucher nach dem Verlassen Ihrer Website nicht genügend Daten bereitstellen.

Zum Glück gibt es Business-Intelligence-Tools, die Ihnen helfen, Ihre Leads besser zu verstehen und wichtige Informationen hervorzuheben, damit Sie sie kontaktieren können, sobald sie angezeigt wurden Interesse. Besonders leistungsstark für das B2B-Marketing: Lead-Anreicherungstools steigern Ihre Prognose- und Outbound-Marketing-Anreize, indem sie

Ihnen eine ganzheitlichere Sicht auf Ihr Unternehmen bieten Ihr Verkehr.

Klar

Mithilfe von mehr als 100 Quellen, darunter Salesforce- und zusätzliche Marketingplattform-Daten, erstellt Clearbit ein aktuelles Profil Ihrer Leads, um Ihren Auftritt zu fördern Alle Bemühungen verlaufen reibungsloser. Zu den gesammelten Details gehören Unternehmen, Rolle und Unternehmensgröße, um nur einige zu nennen.

Anstatt nach Details zu suchen oder sich auf veraltete Informationen zu verlassen, aktualisiert sich die Plattform regelmäßig alle 30 Tage, um sicherzustellen, dass Ihre Daten korrekt sind bleibt frisch. Auf diese Weise können Sie mit Zuversicht vorgehen und bei den Prozessen viel Zeit sparen.

Datanyze

Ähnlich wie bei Clearbit deckt Datanuze auch wichtige Kontaktinformationen zu Ihren On-Site-Kontakten auf, um Ihren digitalen Rolodex auszufüllen. Die Plattform funktioniert auch hervorragend für die Prognose auf LinkedIn, indem sie auch soziale Daten von Entscheidungsträgern abruft.

Da unsere Aufmerksamkeitsspanne schrumpft, ist es von entscheidender Bedeutung, sich bewusst zu bemühen, die Besucher anzulocken, sobald sie vor Ort landen. Marketingplattformen, die sich auf die Lead-Erfassung konzentrieren, stellen sicher, dass Ihr Datenverkehr nicht verloren geht und die Wahrscheinlichkeit größer ist, dass Besucher Maßnahmen ergreifen. Wenn es richtig gemacht wird, sind das Endergebnis mehr Leads und Conversions.

Die Plattform von OptiMonk ermöglicht es Unternehmen, die Aufmerksamkeit der Kunden zu erregen und zu verhindern, dass sie durch personalisierte Pop-Ups abprallen.

Mit einem Schwerpunkt auf Lead-Capture und Exit-Intent-Nachrichten bietet die Plattform verhaltensbasierte Targeting-Mittel, die Ihre Pop-Ups nicht haben störend sein.

OptiMonk ermutigt Benutzer beispielsweise dazu, ihre Marketingnachrichten zu segmentieren und sie nur dann zu bearbeiten, wenn sie Sinn ergeben. Von wiederkehrenden Käufern bis hin zu Erstkäufern ermöglicht Ihnen die Plattform, Kampagnen zu erstellen, die alle Ihre Kunden ansprechen und nicht nur Werbung Essen Sie sie als Einheitsgröße.

Der Vorteil von OptiMonk ist, dass es für seine Benutzerfreundlichkeit bekannt ist. Mit einer Vielzahl von Vorlagen mit etablierten durchschnittlichen Klickraten können Marken ihre Nachrichten auf der Grundlage von nachweislich effektiven Pop-Ups anpassen .

Schriftform

Typform ist ein elegantes Tool für Vermarkter, die attraktive, minimalistische Formulare erstellen möchten. Im Gegensatz zu herkömmlichen Pop-ups sind die Aufnahmeformulare von Typeform wirklich stilvoll und wirken überhaupt nicht wie Werbung. Der einfache Editor und die einfachen Einbettungen der Plattform sind ein schöner zusätzlicher Bonus, ebenso wie die Möglichkeit, Tests und interaktive Formulare zu erstellen.

MailMunch

MailMunch ist ein hybrides E-Mail-Marketing- und Landingpage-Tool, das sich auf die Erstellung von Listen konzentriert. Es bietet mehrere ansprechende Formulartypen und E-Mails zum Versenden von Leads es sei denn, sie haben sich dafür entschieden.

Mit der Plattform können Sie Ihr Publikum anhand von Faktoren wie der Kaufhäufigkeit und der Kundendemographie segmentieren. Darüber hinaus ist der zielorientierte Formular-Builder unkompliziert und ermöglicht Ihnen die Arbeit mit einer Vielzahl von Vorlagen.

Werkzeuge zur grafischen Erstellung

Infografiken. Memes. Grafiken und Grafiken. Die Liste geht weiter und weiter.

Visuelle Elemente sind der Grundstein für soziales Marketing und Branding im Großen und Ganzen. Wenn Sie nicht über das Budget für einen Designer verfügen oder ein Heimwerkerunternehmen betreiben, sind digitale Marketingtools wie Canva zur ersten Wahl für die Produktion auffälliger Videos geworden ist üblich.

Allerdings gibt es noch ein paar andere Grafik-Erstellungstools, die Sie in Betracht ziehen sollten, damit Ihre Kreativität nicht langweilig wird.

Creator (ehemals Bannersnack)

Creatoru ist ein grafisches Erstellungstool, das Canva ähnelt, aber den Schwerpunkt auf einige wenige Funktionen legt, die speziell für Vermarkter geeignet sind.

Beispielsweise ermöglichen Ihnen die Design-Sets und Marken-Kits der Plattform eine reibungslose Zusammenarbeit mit anderen Vermarktern und sorgen dafür, dass Ihre Marke kreativ bleibt geschätzt. Dies ist besonders nützlich für Agenturen, die mehrere Kunden oder soziale Konten verwalten.

Mittlerweile ist die Möglichkeit, dasselbe Design in mehreren Formaten (z. B. Desktop-Banner oder Mobilgerät) mit einem einzigen Klick zu bearbeiten, eine enorme Zeitersparnis.

Visme

Die Plattform von Visme konzentriert sich hauptsächlich auf die Erstellung von Präsentationen und die Visualisierung von Daten. Da Infografiken und aktuelle Daten zu den am häufigsten geteilten Arten von Inhalten in sozialen Medien gehören, ist Visme ideal für alle, die sich häufig in der Öffentlichkeit aufhalten Recherchieren Sie auf Plattformen wie Twitter oder LinkedIn.

Über die einfache grafische Erstellung hinaus können Sie mit der Plattform Daten aus externen Quellen (z. B. Tabellenkalkulationen) abrufen, um eine Präsentation zu erstellen im Handumdrehen .

Rache

Venngage ist ein weiterer Grafikersteller mit Schwerpunkt auf Infografiken. Mit Spreadsheet-Importen und Hunderten von Diagrammkonfigurationen können Sie Ihre Infografiken ganz nach Ihren Wünschen anpassen. Passen Sie alle Infografiken basierend auf Ihrem Branding an, mit unzähligen integrierten Grafiken zur Auswahl.

10 Schritte zum Start einer erfolgreichen Karriere im digitalen Marketing

Hier sind 10 Schritte, die Sie heute befolgen können, um eine Karriere im digitalen Marketing anzustreben:

- Lernen Sie die Grundlagen des digitalen Marketings kennen
- Starten Sie Ihre eigene Website
- Werden Sie SEO-Experte
- Holen Sie sich eine Google Ads-Zertifizierung
- Master-Facebook-Anzeigen-Werbung
- Werden Sie Experte für Google Analytics
- Holen Sie sich einen Job im digitalen Marketing als Freiberufler
- Holen Sie sich ein echtes Praktikum
- Bleiben Sie über neue Updates auf dem Laufenden und lernen Sie weiter

- Erfahren Sie, wie Sie digitale Marketingtools nutzen

1. Lernen Sie die Grundlagen des digitalen Marketings kennen

Für Anfänger im digitalen Marketing besteht der erste offensichtliche Schritt darin, zu verstehen, was digitales Marketing ist und welche Hauptkomponenten das digitale Marketing ausmachen rkéting.

Digitales Marketing oder Online-Marketing, wie es manchmal genannt wird, ist ein weit gefasster Begriff, der verwendet wird, um die Prozesse des Marketings im Internet zu beschreiben.

Es verfügt über eine Reihe von Komponenten, die alle Bereiche der Online-Werbung abdecken. Sie müssen verstehen, dass es sich nicht um eine einzelne Disziplin handelt, sondern dass es eine Reihe von Prozessen (Kanälen) gibt, die an einer digitalen Marketingkampagne teilnehmen können gn.

Insbesondere verfügt das digitale Marketing über folgende Kanäle:

- Suchmaschinenmarketing – deckt zwei Bereiche ab: Suchmaschinenoptimierung (organisches SEO) und bezahlte Suchmaschinenwerbung.

- Website-Marketing – Werbung für Ihre Website im Internet.

- Content-Marketing – wie Sie verschiedene Arten von Inhalten in Ihren digitalen Marketingkampagnen verwenden.

- E-Mail-Marketing – Vermarktung von Produkten oder Dienstleistungen per E-Mail.

- Social-Media-Marketing – Marketing auf Facebook, Instagram und anderen Social-Media-Netzwerken

- Mobiles Marketing – Marketing in den verschiedenen App Stores (Google Play, Apple Store)

- Videomarketing – Marketing auf YouTube, Vimeo und anderen Videokanälen

- Affiliate-Marketing – Verkäufe tätigen, indem man die Produkte anderer Leute bewirbt und eine Affiliate-Kommission erhält.

Ein guter Manager für digitales Marketing sollte über die notwendigen Fähigkeiten verfügen, um mit allen oben genannten Kanälen zu arbeiten.

Machen Sie sich keinen Stress, Sie müssen nicht alles vom ersten Tag an lernen.

Während Sie auf Ihrem Karriereweg im digitalen Marketing Fortschritte machen, erhalten Sie die Möglichkeit, mit verschiedenen Techniken, Technologien und Werkzeugen zu arbeiten, und schließlich wird das Rätsel gelöst Es ist abgeschlossen.

Ressourcen, die Sie nutzen können, um die grundlegenden digitalen Marketingkonzepte zu verstehen:

- Kurse für digitales Marketing – Eine Liste der 10 besten Kurse zum Erlernen des digitalen Marketings (kostenlos und kostenpflichtig).
- Vollständiger Kurs für digitales Marketing – Bauen Sie die notwendigen Fähigkeiten auf, um eine Karriere im digitalen Marketing zu starten.

- Grundlagen des digitalen Marketings – Ein kostenloser Online-Kurs von Google, der die Grundprinzipien des digitalen Marketings erklärt.
- Zertifikate für digitales Marketing – Lassen Sie sich für digitales Marketing zertifizieren und steigern Sie Ihre Karriere.

2. Starten Sie Ihre eigene Website

Sobald Sie die Grundlagen kennengelernt haben, besteht der nächste Schritt darin, sich an die Arbeit zu machen und mit der Praxis des digitalen Marketings zu beginnen.

Eine der besten Möglichkeiten, verschiedene digitale Marketingkonzepte in der realen Welt anzuwenden, besteht darin, eine eigene Website zu starten.

Digitales Marketing ist kein theoretisches Konzept, sondern sehr messbar und praktisch. Es reicht nicht aus, die Theorie hinter SEO und Social-Media-Marketing zu kennen, sondern Sie müssen wissen, wie Sie die verschiedenen Technologien in der Praxis anwenden können.

Im Laufe Ihrer Karriere im digitalen Marketing werden Sie gebeten, verschiedene Arten von Websites zu bewerben, um entweder ihren organischen Traffic (SEO) zu erhöhen oder sie zu verbessern Auch über PPC und Social-Media-Werbung.

Um die notwendigen Fähigkeiten und das nötige Selbstvertrauen zu erlangen, starten Sie Ihre eigene Website, die beide Konzepte vereint.

Mit anderen Worten: Richten Sie einen Blog ein und arbeiten Sie daran, Ihr Ranking zu verbessern, und erstellen Sie gleichzeitig entweder ein Produkt oder finden Sie ein Produkt, das Sie durch Werbung bewerben möchten Versuchen Sie, Verkäufe zu tätigen.

Ich weiß, dass dieser Prozess einige Zeit in Anspruch nehmen wird, und wenn Sie neu in diesem Bereich sind, wird die Lernkurve groß sein, aber es ist die einzige Möglichkeit, eine solide Grundlage für Ihre Karriere zu schaffen.

Eine eigene Website hilft Ihnen nicht nur dabei, die verschiedenen Konzepte kennenzulernen, sondern Sie können sie auch als Schaufenster nutzen, um neue Arbeitgeber oder Kunden zu überzeugen um Ihnen zu vertrauen und einen guten Vertrag oder Job zu sichern.

Wenn wir neue Experten für digitales Marketing einstellen, achten wir nicht nur auf Zertifizierungen, sondern auch auf Menschen, die ihr Wissen und den Besitz einer Website nachweisen können Der beste Weg, dies zu tun, ist das Erreichen hoher Rankings und des Traffics.

Ressourcen, die Sie zum Erstellen einer neuen Website nutzen können:

- So starten Sie einen WordPress-Blog – Eine Schritt-für-Schritt-Anleitung für Anfänger im Bloggen.
- So starten Sie ein Online-Unternehmen – Tipps, wie Sie Ihren Blog in ein Online-Unternehmen verwandeln.

3. Werden Sie SEO-Experte

Sie können keine Karriere im digitalen Marketing anstreben, wenn Sie nicht gut in SEO sind. Sie müssen zunächst ein SEO-Experte werden und dann weitere Fähigkeiten erwerben.

Mit SEO lernen Sie, wie Sie Websites erstellen, die sowohl Nutzern als auch Suchmaschinen gefallen, und Sie können dieselben Konzepte anwenden, um Ihre Google-Anzeigen und Facebook zu verbessern oook bezahlte Kampagnen.

Bauen Sie Ihre SEO-Karriere schrittweise auf und wenn Sie das Gefühl haben, dass Sie die SEO-Fähigkeiten beherrschen, fahren Sie mit dem Rest fort.

Diese Ressourcen werden Ihnen den Einstieg in SEO erleichtern:

- Was ist SEO?
- SEO-Grundlagen für Anfänger
- SEO-Zertifizierungen
- SEO-Komplettkurs
- SEO-Strategie zur Steigerung von 0 auf 100.000 Besuche pro Monat

4. Holen Sie sich eine Google Ads-Zertifizierung

Ein Teil Ihrer beruflichen Verantwortung als Berater für digitales Marketing besteht darin, Google Ads (früher bekannt als Google AdWords) zu verwenden, um Produkte zu bewerben Dienste in den verschiedenen Google-Produkten und Websites im Internet.

Der schnellste Weg, sich die erforderlichen Fähigkeiten anzueignen, besteht darin, eine Google Ads-Zertifizierung zu erhalten. Google verfügt über eine Fülle von Ressourcen, die Ihnen dabei helfen, ein Google AdWords-Experte zu werden, und die Erlangung einer Zertifizierung ist eine großartige Möglichkeit, Ihren Kunden dies zu beweisen Stellen Sie potenziellen Arbeitgebern sicher, dass Sie über die erforderlichen Fähigkeiten verfügen.

Nutzen Sie die folgenden Ressourcen, um Google Ads zertifizieren zu lassen:

- Google Academy für Anzeigen
- Google Ads-Leitfaden
- Die besten Google Ads-Kurse

5. Meistern Sie Facebook-Anzeigen

Der nächste Schritt besteht darin, mit Social-Media-Marketing und insbesondere Facebook-Werbung zu beginnen. Als Spezialist für digitales Marketing müssen Sie wissen, wie die verschiedenen Social-Media-Netzwerke funktionieren (Twitter, Instagram, Pinterest, LinkedIn), aber den größten Teil Ihrer Zeit Das Kampagnenbudget wird für Facebook und Instagram ausgegeben.

Facebook ist nicht nur ein großartiges soziales Netzwerk, sondern mittlerweile auch eines der wichtigsten Tools für jede digitale Marketingkampagne.

Es wird immer schwieriger, auf Facebook Werbung zu machen. Die einzige Möglichkeit, Facebook als Verkaufstool zu nutzen, besteht darin, zu lernen, wie man seine Werbung nutzt Plattform.

Wenn Sie die oben genannten Schritte bereits befolgt haben und über gute Kenntnisse in SEO und Google Ads verfügen, wird es Ihnen nicht schwer fallen, den Umgang mit Facebook Ads zu erlernen.

Viele der Konzepte ähneln PPC, Sie müssen jedoch noch lernen, wie Sie das Tool verwenden und sich mit den verschiedenen Facebook-Richtlinien vertraut machen.

Nutzen Sie die folgenden Ressourcen, um Facebook-Marketing zu erlernen:

- Offizielle Facebook-Onlinekurse
- Die besten Facebook-Werbekurse

6. Werden Sie ein Experte für Google Analytics

Neben dem Erlernen der verschiedenen Tools, mit denen Traffic generiert werden kann, muss ein Experte für digitales Marketing auch die Analyse kennen.

Eines der Hauptmerkmale jeder digitalen Marketingkampagne ist, dass alles messbar ist.

Sie wissen, wie viele Menschen Ihre Kampagnen angesehen haben, wie viele Menschen auf Ihre Anzeigen geklickt haben, wie viele Konversationen sie generiert haben und viele andere Kennzahlen, die alles abdecken jeder Aspekt einer Kampagne.

Um fundierte Entscheidungen auf der Grundlage realer Daten treffen zu können, müssen Sie wissen, wie Sie die Wirksamkeit einer Kampagne messen und analysieren können die Ergebnisse.

Ihr Ausgangspunkt besteht darin, ein Experte für Google Analytics zu werden.

Die folgenden Anleitungen können Ihnen den Einstieg erleichtern:

- Was sind Google Analytics-Seitenaufrufe?
- Google Analytics und SEO
- Google Analytics-Berichte für Anfänger
- Google Analytics Academy

7. Holen Sie sich einen Job im digitalen Marketing als Freiberufler

Der nächste Schritt auf Ihrem Karriereweg, um ein Experte für digitales Marketing zu werden, besteht darin, einen echten Job im digitalen Marketing zu bekommen.

Das Starten Ihrer eigenen Website (Schritt 2 oben) ist eine gute Möglichkeit, die verschiedenen digitalen Marketingtechniken zu üben, aber digitales Marketing für einen Kunden zu betreiben, ist es Eine völlig andere Geschichte.

Der Umgang mit Kundenkonten wird Sie dazu zwingen, Abläufe festzulegen, Ihre Analyse- und Berichtsfähigkeiten zu verbessern, zu lernen, wie Sie mit Budgets umgehen und wie Sie Kunden verwalten Kommunikation.

Sie können Jobportale wie upwork.com, peoplerhour.com, fivevver.com nutzen, um sich für Stellen im digitalen Marketing zu bewerben.

Wenn Sie ein Anfänger sind, beginnen Sie zunächst mit einfachen und schnellen Aufgaben und gehen Sie dann nach und nach zu größeren Projekten über.

Für Freiberufler ohne Feedback ist es schwierig, einen Job zugewiesen zu bekommen. Stellen Sie daher sicher, dass Sie:

- Lesen Sie die Anforderungen für die Stellenausschreibung sorgfältig durch und beantworten Sie etwaige Fragen.

- Wirklich schnell. Auf eine Stellenbewerbung werden Hunderte von Bewerbern eingehen. Stellen Sie also sicher, dass Ihre Bewerbung ganz oben auf der Liste steht.

- Halten Sie Ihre Preise niedrig und angemessen. Wenn Sie keine Erfahrung haben, können Sie keine Prämiengebühr erheben. Ihr Ziel in dieser Phase ist es, Erfahrungen zu sammeln, damit Sie später Geld verdienen können.

8. Holen Sie sich ein echtes Praktikum

Eine weitere Möglichkeit, Ihre Fähigkeiten und Erfahrungen schnell zu erweitern, besteht darin, einen echten Job als Assistent für digitales Marketing in einer etablierten Agentur zu bekommen.

Dies ist sehr zu empfehlen, da Sie erfahren, wie eine moderne Agentur für digitales Marketing funktioniert, und wenn Sie möchten, können Sie einige ihrer Methoden nutzen Entscheiden Sie sich später dafür, Ihre eigene Agentur zu gründen oder einem anderen Unternehmen als Experte für digitales Marketing beizutreten.

Der Beginn Ihrer Karriere als freiberuflicher Vermarkter ohne Berufserfahrung in einem Unternehmen wird schwieriger sein, da Sie alles von Anfang an herausfinden müssen tch.

Wie ich oben erwähnt habe, ist die Zusammenarbeit mit Kunden etwas anderes als digitales Marketing auf Ihren eigenen Websites, und wenn Sie nicht über die richtigen Prozesse verfügen, Sie verlieren wertvolle Zeit für Aktivitäten, die nicht „abrechnungsfähig" sind, und dies wird Ihr Gehalt reduzieren und Einnahmen.

9. Bleiben Sie über neue Updates auf dem Laufenden und lernen Sie weiter

Die Taktiken des digitalen Marketings ändern sich ständig. Einige digitale Vermarkter lieben das, andere hassen es, aber es ist eine Tatsache, dass sich die Branche des digitalen Marketings schnell verändert.

Google führt jedes Jahr Hunderte von Änderungen im Zusammenhang mit Bio- und Paid-Suchen durch, der Facebook-Algorithmus ändert sich ständig und im

Allgemeinen , die digitale Marketinglandschaft ist äußerst dynamisch.

Dies bedeutet, dass Sie, wenn Sie sich für eine Karriere im digitalen Marketing entscheiden, im Voraus wissen sollten, dass das Lernen Teil Ihrer TÄGLICHEN Aktivität sein wird s.

Ich mache das jetzt schon seit Jahren und jeden Tag kann ich etwas Neues lernen. Tatsächlich verbringe ich 20 % meiner Zeit damit, mich über Branchenaktualisierungen und neue Entwicklungen zu informieren, Fallstudien durchzuführen, neue Tools zu erlernen und auf dem Laufenden zu bleiben mit Änderungen in allen digitalen Marketingkanälen.

Um sicherzustellen, dass Sie kein Update verpassen, folgen Sie diesen Websites:

- Rundtisch – Bei weitem meine Lieblingswebsite, wenn es um Neuigkeiten und Updates zum digitalen Marketing geht. Barry leistet großartige Arbeit, indem er uns über alles informiert, was in der Branche passiert.

- Search Engine Journal – Neuigkeiten und Ressourcen zu allen Themen des digitalen Marketings
- Content-Marketing-Institut – Die erste Content-Marketing-Ressource
- Google-Blog – Updates zu allen Google-Technologien

10. Erfahren Sie, wie Sie digitale Marketingtools verwenden

Sie müssen nicht nur lernen, wie Sie Google Analytics verwenden, sondern auch lernen, wie Sie andere digitale Marketingtools verwenden.

Wenn Sie die Leiter erklimmen und ein Manager für digitales Marketing werden, müssen Sie ein Team von Spezialisten für digitales Marketing leiten. Die einzige Möglichkeit, ihre Arbeit zu bewerten und den Fortschritt mehrerer Projekte gleichzeitig zu kontrollieren, sind Tools.

Mit einem guten Tool können Sie Dashboards für alle Kanäle und aussagekräftige Berichte für das Management oder Kunden erstellen.

Es gibt eine Fülle guter Tools, und obwohl sie nicht kostenlos sind, ist die monatliche Gebühr eine Investition für Ihre Karriere und eine weitere tolle Sache em für Ihren Lebenslauf.

Häufige Probleme, die digitales Marketing lösen kann

Um Ihre Marketingstrategien zu optimieren, ist die Digitalisierung unerlässlich. Digitales Marketing kann Ihnen dabei helfen, Ihre Zielgruppe kennenzulernen, wichtige Daten über sie zu erfahren und Kennzahlen bereitzustellen, die Ihrem Marketingteam Glaubwürdigkeit verleihen es.

- Problem: Ich kenne mein Publikum nicht gut genug, um loszulegen. Das Kennenlernen Ihrer Zielgruppe braucht Zeit, und auch wenn Ihr Marketingteam Zielgruppenbewertungen entwickelt hat, die von Nutzen sein können, geben Verbraucher aktiv Geld aus Die Online-Zeit verhält sich möglicherweise nicht so, wie Sie es erwarten würden. Sie müssen unterschiedliche Sprachen mit unterschiedlichen Zielen testen und dabei bedenken, dass bestimmte Beschreibungen unterschiedliche Personen und deren Bedeutung beim Kauf ansprechen ng cycle. Stellen Sie sich auf Ihr Publikum ein und Sie werden Glaubwürdigkeit aufbauen, die Sie von der Konkurrenz abhebt.

- Problem: Ich habe meine Kanäle nicht für SEO optimiert. Unabhängig von Ihrer Position in den Marketingprozessen ist es wichtig, die besten SEO-Praktiken zu verstehen. Neben der Verbesserung des Suchmaschinen-Rankings kann SEO Ihre Kampagnentests und -optimierung verstärken und unterstützen, um sicherzustellen, dass Sie hohe Ergebnisse erzielen Hochwertige, wertvolle Inhalte, die Ihre potenziellen Kunden wünschen.

- Problem: Ich habe keine Social-Media-Strategie. Unabhängig davon, ob Sie eine organische

Social-Media-Strategie, eine bezahlte Social-Media-Strategie oder eine Mischung aus beidem entwickeln möchten, ist es Daher ist es wichtig, dass eine Form des sozialen Marketings vorhanden ist. Während sich soziale Medien hervorragend für Branding und Engagement eignen, können sie auch ein nützlicher Kanal für digitale Marketingwerbung sein. Finden Sie eine Nische und eine konsistente Stimme, seien Sie geduldig, und wenn Ihre Followerzahl zunimmt, wird auch die Wirkung Ihrer Anzeigen zunehmen.

- Problem: Meine Marketingteams sind isoliert. Es ist wichtig, aus Silos auszubrechen, um flexible, fließende Strukturen zu schaffen. Ihre Kunden sind nicht in einem Kanal untergebracht und warten auf Werbung, daher müssen Ihre Marketingbemühungen eine kanalübergreifende Funktionalität bieten Das sind Teams, die mehrere Kompetenzpakete an den Tisch bringen, um Kunden dort einzubeziehen, wo sie sind. Jedes soziale Netzwerk und jeder Kanal umfasst unterschiedliche Zielgruppen und Erwartungen, sodass die Marketingbemühungen für jeden völlig unterschiedlich aussehen können. Dazu gehören Ton, Bilder, Angebote und sogar die Tageszeit, zu der Sie sich entscheiden.

- Problem: Mein CMO setzt mich unter Druck, über Kennzahlen zu berichten, die das Endergebnis unterstützen. Digitales Marketing unterstützt ein riesiges Universum an Maßstäben, die genutzt werden können, um die Wirksamkeit Ihrer Marketingbemühungen zu bestimmen, aber diese Maßstäbe sind es sollte mit Bedacht ausgewählt werden. Jeder Fall hängt von der Zusammensetzung Ihres Publikums und der Konzentration auf den jeweiligen Kanal ab. Behalten Sie dies im Hinterkopf und legen Sie zunächst Ihre Ziele für jeden Kanal fest und legen Sie Kennzahlen fest, die Ihr CMO am meisten sehen möchte.

Digitales Marketing hingegen ermöglicht es Ihnen, eine hochspezifische Zielgruppe zu identifizieren und anzusprechen und diese Zielgruppe gezielt und mit hoher Konvertierung anzusprechen ting-Meldungen.

Beispielsweise könnten Sie die Targeting-Funktionen sozialer Medien nutzen, um einer bestimmten Zielgruppe anhand von Variablen Werbung für soziale Medien anzuzeigen wie Alter, Geschlecht, Standort, Interessen, Netzwerke oder Verhaltensweisen. Alternativ können Sie PPC- oder SEO-Strategien verwenden, um Anzeigen für Benutzer bereitzustellen, die Interesse an Ihrem Produkt oder Ihrer Dienstleistung gezeigt haben oder haben Wir haben nach bestimmten Schlüsselwörtern gesucht, die sich auf Ihre Branche beziehen.

Letztendlich ermöglicht Ihnen digitales Marketing, die für die Identifizierung Ihrer Käuferpersönlichkeit erforderliche Forschung durchzuführen und Ihre Marketingstrategie zu verfeinern im Laufe der Zeit, um sicherzustellen, dass Sie die potenziellen Kunden erreichen, die am wahrscheinlichsten kaufen. Das Beste von allem ist, dass digitales Marketing Ihnen dabei hilft, Untergruppen innerhalb Ihrer größeren Zielgruppe zu vermarkten. Wenn Sie mehrere Produkte oder Dienstleistungen an verschiedene Käufer verkaufen, ist dies besonders hilfreich.

Ganz gleich, in welchem Geschäft Sie tätig sind, ob Sie ein Online-Unternehmen oder ein stationäres Unternehmen sind, digitales Marketing ist zu einem integralen Bestandteil der Werbung für einen BH geworden nd, Dienstleistung oder Produkt. Während jedes Unternehmen seinen eigenen Markt und seine eigene Zielgruppe hat, können digitale Marketingstrategien dabei helfen, neue Trends und Nischenmärkte zu finden. Sie können die Nachfrage finden und erfüllen. Selbst wenn Ihr Unternehmen vollständig im Geschäft ist, kann digitales Marketing eine entscheidende Rolle spielen, wenn es darum geht, zu wachsen.